施工企业财务管理与实务研究

黄利吉　宋成锁　崔鹏飞　　著

中国原子能出版社

图书在版编目（CIP）数据

施工企业财务管理与实务研究/ 黄利吉，宋成锁，
崔鹏飞著. --北京：中国原子能出版社，2024.9.

ISBN 978-7-5221-3660-8

Ⅰ. F407.967.2

中国国家版本馆 CIP 数据核字第 2024QW2974 号

施工企业财务管理与实务研究

出版发行	中国原子能出版社（北京市海淀区阜成路 43 号　100048）
责任编辑	王　蕾
责任印制	赵　明
印　　刷	北京九州迅驰传媒文化有限公司
经　　销	全国新华书店
开　　本	787 mm×1092 mm　1/16
印　　张	10
字　　数	132 千字
版　　次	2024 年 9 月第 1 版　　　2024 年 9 月第 1 次印刷
书　　号	ISBN 978-7-5221-3660-8　　定　价　78.00 元

前　言

在市场经济条件下，企业财务管理水平决着企业生产经营规模和市场竞争能力，财务管理应当成为企业管理的核心。因此，加强企业财务管理，对改善企业的生存条件，提高企业的经济实力，推动企业的发展，起着重大的作用。

在当今世界经济一体化和资本流动全球化的背景下，企业是社会主义市场经济的重要组成部分，在利用社会资本、扩大就业、促进生产力发展、创造社会财富等方面发挥着重要作用。传统的财务管理模式，已经不能有效地促进管理效率水平的提升，通过新的财务管理模式的科学化应用，更能有助于企业的整体管理水平的提升。对企业的财务管理的理论研究有助于企业在市场发展中的提升竞争力，给企业的发展带来更大的经济效益。企业的财务管理人员在实际的管理过程中，就要能充分注重财务管理的措施实施的科学性，只有如此才能保障企业的良好发展。

作为施工企业财务管理与实务的内部控制目标已从原有的报告目标、财物安全目标、合法合规性目标扩展到战略目标和经营目标，这表明企业内部控制将关注企业的长远、可持续发展以及合理管理风险。内部控制对企业战略目标实现的重要性毋庸置疑，特别在当今竞争日益激烈、风险无处不在的市场经济环境下，企业的内部控制显得更加重要，更加必需，更加紧迫。

本书主要研究施工企业财务管理与实务，首先，从企业财务管理基础入手，对企业价值管理、现金流量管理做了一些介绍；其次，对财务战略管理、财务监控管理、财务风险管理做了一些分析。希望本书可以为从事施工企业财务管理与实务研究相关的工作者提供一些有益的帮助。本书成书仓促，难免存在不足之处，恳请广大读者批评指正。

目 录

第一章　企业财务管理基础

第一节　企业财务管理概述

一、企业财务管理的概念

企业财务管理简称企业理财，是研究如何有效获取资金、使用和管理好资金的一种价值管理活动，具体来说就是对企业资金的筹集、投向、运用、分配以及相关财务活动进行决策并对决策结果进行分析评判，以便为企业创造价值。

企业财务管理的核心功能是通过有效管理财务活动实现企业价值创造，强调资本市场投融资等财务活动对公司运营的重要性，而且是一门社会科学和自然科学相互融合的学科。

（一）企业财务活动主要内容

企业财务活动是以现金收支为主的企业资金收支活动的总称。在市场经济条件下，一切物资都具有一定的价值，它体现着耗费于物资中的社会必要劳动量。社会再生产过程中物资价值的货币表现，就是资金。在市场经济条件下，资金是进行生产经营活动的必要条件。企业的生产经营过程，一方面表现为物资的不断购进和售出，另一方面则表现为资金的支出和收回。企业的经营活动不断进行，也就会不断产生资金的收支。企业资金的收支，构成了企业经济活动的一个独立方面，这便是企业的财务活动。企业财务活动可分为以下几个方面：

1. 企业筹资引起的财务活动

企业从事经营活动，首先必须解决的是通过什么方式、在什么时间

— 1 —

筹集多少资金的问题。在筹资过程中，企业通过发行股票、债券，吸收直接投资等方式筹集资金，表现为企业资金的收入；而企业偿还借款，支付利息、股利以及付出各种筹资费用等，则表现为企业资金的支出。这种因为资金筹集而产生的资金收支，便是由企业筹资引起的财务活动。

在进行筹资活动时，财务人员首先要预测企业需要多少资金，通过什么方式筹集资金，是通过发行股票取得资金还是向债权人借入资金，两种资金占总资金的比例应为多少等。

2. 企业投资引起的财务活动

企业筹集资金的目的是把资金用于生产经营活动以取得营利，不断增加企业价值。企业把筹集到的资金用于购置自身经营所需的固定资产、无形资产等，便形成企业的对内投资；企业把筹集到的资金投资于购买其他企业的股票、债券，或与其他企业联营进行投资，以及收购另一个企业等，便形成企业的对外投资。无论是企业购买内部所需各种资产，还是购买各种证券，都需要支出资金。当企业变卖其对内投资的各种资产或收回其对外投资时，会产生资金的收入。这种因企业投资而产生的资金的收支便是由投资引起的财务活动。

在进行投资活动时，由于企业的资金是有限的，因此应尽可能将资金投放在能带给企业最大收益的项目上。由于投资通常在未来才能获得回报，因此，财务人员在分析投资方案时，不仅要分析投资方案的资金流入与资金流出，同时还要分析企业为获得相应的报酬还需要等待多久。当然，获得回报越早的投资项目越好。另外，投资项目很少是没有风险的，一个新的投资项目可能成功，也可能失败，因此，财务人员需要对这种风险因素加以计量，从而判断选择哪个方案，放弃哪个方案，或者将哪些方案进行组合。

3. 企业经营引起的财务活动

企业在正常的经营过程中，会发生一系列的资金收支。首先，企业要采购材料或商品，以便从事生产和销售活动，同时，还要支付工资和其他营业费用；其次，当企业将产品或商品售出后，便可取得收入，收回资金；最后，如果企业现有资金不能满足企业经营的需要，还要采取短期借款方式来筹集所需资金。上述各方面都会产生资金的收支，属于由企业经营引起的财务活动。

在企业经营引起的财务活动中，主要涉及的是流动资产与流动负债的管理问题，其中的关键是加速资金的周转。流动资金的周转与生产经营周期具有一致性，在一定时期内，资金周转越快，就可以利用相同数量的资金生产出更多的产品，取得更多的收入，获得更多的报酬。

4. 企业分配引起的财务活动

企业在经营过程中会产生利润，也可能会因对外投资而分得利润，这表明企业有了资金的增值或取得了投资报酬。企业的利润要按规定的程序进行分配。首先要依法纳税；其次要用来弥补亏损，提取公积金；最后要向投资者分配股利。这种因利润分配而产生的资金收支便属于由利润分配而引起的财务活动。

在分配活动中，财务人员需要确定股利支付率的高低，即将多大比例的税后利润用来支付给投资人。过高的股利支付率，会使较多的资金流出企业，从而影响企业再投资的能力，一旦企业遇到较好的投资项目，将有可能因为缺少资金而错失良机；而过低的股利支付率，又有可能引起投资人的不满，对于上市企业而言，这种情况可能会导致股价的下跌，从而使企业价值下降。因此，财务人员要根据企业自身的具体情况确定最佳的分配政策。

财务活动的几个方面，不是相互割裂、互不相关的，而是互相联系、互相依存的。

(二) 企业组织形式

按国际标准，企业组织形式主要有三种：

1. 个人独资企业

个人独资企业是指由一个自然人投资并兴办，全部资产为投资人所有的营利性经济组织，同时投资人对债务负有完全责任。

个人独资企业的优点是：企业开办、转让、关闭的手续简便；企业主自负盈亏，对企业的债务承担无限责任，因而企业主会竭力把企业经营好；企业税负较轻，只需要缴纳个人所得税；企业在经营管理上的制约因素较少，经营方式灵活，决策效率高；没有信息披露的风险，企业的技术和财务信息容易保密。

2. 合伙企业

合伙企业是指由两个以上的自然人订立合伙协议，共同出资、合伙经营、共享收益、共担风险，并对合伙企业债务承担无限连带责任的企业。为了避免经济纠纷，在合伙企业成立时，合伙人须订立合伙协议，明确每个合伙人的权利和义务。与个人独资企业相比，合伙企业资信条件较好，容易筹措资金和扩大规模，经营管理能力也较强。

按照合伙人对合伙企业债务承担的责任不同，合伙企业可分为普通合伙和有限合伙。普通合伙企业的合伙人均为普通合伙人，对合伙企业的债务承担无限连带责任。有限合伙企业由普通合伙人和有限合伙人组成，有限合伙人以其出资额为限对债务承担有限责任。但是，有限合伙制要求至少有一人是一般合伙人，而且有限合伙人不直接参与企业经营管理活动。

合伙企业具有设立程序简单、设立费用低等优点，但也存在责任无限、权力分散、产权转让困难等缺点。由于合伙企业的资金来源和信用能力与独资企业相比有所增加，盈余分配也更加复杂，因此合伙企业的财务管理比独资企业复杂得多。

3. 公司制企业

公司制企业是指依照国家相关法律集资创建的，实行自主经营、自负盈亏，由法定出资人所组成的，具有法人资格的独立经济组织。公司制企业的主要特点包括以下几个方面：

独立的法人实体。公司一经宣告成立，法律即赋予其独立的法人地位，具有法人资格，能够以公司的名义从事经营活动，享有权利，承担义务，从而使公司在市场上成为竞争主体。

具有无限的存续期。股东投入的资本长期归公司支配，股东无权从公司财产中抽回投资，只能通过转让其拥有的股份收回投资。这种资本的长期稳定性决定了公司只要不解散或破产，就能够独立于股东而持续、无限期地存在下去，这种情况有利于企业实行战略管理。

股东承担有限责任。这是指公司一旦出现债务，这种债务仅是公司的债务，股东仅以其出资额为限对公司债务承担有限责任，这就为股东分散了投资风险，从而有利于吸引社会游资，扩大企业规模。

筹资渠道多元化。股份公司可以通过资本市场发行股票或发行债券募集资金，有利于企业的资本扩张和规模扩大。

公司的特征是上缴企业所得税，个人独资企业和合伙企业上缴的是个人所得税，因此不是公司。

一般来说，公司分为有限责任公司与股份有限公司。

二、企业财务组织、财务经理及财务职业生涯

(一) 现代公司财务组织设置

在现代市场经济中，公司财务是一项开放性、动态性、综合性的工作，在企业整个经营管理工作中处于举足轻重的地位。由此可以看到，在公司内部，财务机构的科学设置和财务专业人员的合理聘用，对财务管理职能作用的充分发挥具有十分重要的意义。

股份公司是现代企业制度的基本组织形式，因而股份公司的财务机构也被视为现代公司财务机构最完备的形态。公司执行机构由高层执行官员即高层经理人员组成。这些高层执行官员受聘于董事会，在董事会授权范围内，拥有对公司事务的管理权和代理权，负责处理公司的日常经营事务。在董事会领导下的高层执行官员包括：总经理、副总经理、总财务师、总会计师等。

(二) 企业财务经理

1. 财务经理与财务活动

财务管理强调通过定量方法对财务活动进行财务决策，实现公司价

值创造。假设开始进行企业的融资活动，为了筹集资金而在金融市场向投资者发售债券和股票，现金从金融市场流向企业，企业将现金用于投资，企业在生产经营过程中创造现金，然后，企业将现金支付给债权人、股东和政府。股东以现金股利的方式得到投资回报；债权人因出借资金而获得了利息，并且收回了本金；政府也获得了税收收入。需要注意的是，企业并不是将所有的投资回报都用于支付，还将留存一部分用于再投资。但是，从长期来看，只要企业支付给债权人和股东的现金大于从金融市场上筹集到的资金，那么企业价值就得到了提升。

2. 财务经理应具备的素质

（1）总体素质要求

现代市场经济条件下的公司财务管理，作为一项专业化的职能管理活动，具有开放性、动态性和综合性的特点，和宏观经济环境，特别是和现代市场体系中居主导地位的金融市场有着紧密的联系。企业中以总财务师为首的财务管理人员面向瞬息万变的金融市场，进行科学的投资、筹资和收益分配决策；并在决策实施过程中，充分发挥理财的运筹作用，正确处理好企业内部条件、外部环境和企业目标之间的动态平衡，任务极为艰巨。这意味着现代市场经济的发展对财务管理人员应具备的素质提出了越来越高的要求。从总体上看，理财需要高智能、高创造力的人才。财务管理人员要有战略头脑、开阔的思路、高瞻远瞩的谋略，善于从企业整体发展的战略高度来认识和处理问题。市场经济从一定意义看，是竞争经济，优胜劣汰是市场竞争的必然结果。在这种情况下，财务人员搏击市场，面对瞬息万变的市场势态，要有敏锐的洞察力和准确的判断力，善于抓住机遇，大胆适时决策，在激烈的市场竞争中牢牢掌握主动权。市场经济活动充满着风险，瞬息万状的金融市场尤其是这样。为此，财务人员要敢于面向风险、驾驭风险，提高风险决策能力，准确运筹资金来源、投资方向，科学预见其未来发展趋势，力求使可能遭受的风险降到最低。

（2）牢固树立市场经济的相关观念

财务人员牢固树立市场经济的相关观念，是使公司的财务职能作用得以充分发挥，从而最大限度提高财务效益的认识基础。主要包括以下几个方面：

①竞争观念。竞争机制是市场机制的核心，它无情地执行着优胜劣汰的原则，企业在市场的大海中公平竞争，既为它创造种种机会，也对它形成种种威胁。这就要求企业财务管理人员做财务决策时，要善于抓住机遇、从容应对挑战，面对激烈的市场竞争，通过趋利避险、扬长避短，来促进企业财务管理职能的充分发挥和财务管理人员能力的顺利体现。

②风险观念。在现代市场经济中，市场机制的作用，使任何一个市场主体的利益都具有不确定性，客观上存在着蒙受经济损失的可能，即不可避免地要承担一定的风险。

③信息观念。当代世界范围的市场经济，已进入现代市场经济的新阶段，信息化、金融化和全球化是现代市场经济的重要特征。在现代市场经济中，一切经济活动都必须以快、准、全的信息为导向，信息成为市场经济活动的重要媒介。这就决定了在现代市场经济中，财务人员必须牢固树立信息观念，从全面准确迅速收集分析信息入手，进行财务决策和资金运筹，也就是说财务管理人员面对瞬息万变的金融市场必须由过去凭经验决策转变为凭信息、凭科学决策。财务管理人员掌握信息越全面越准确越迅速就越有利于做出正确而及时的财务决策和有效地进行资金运筹，以促进企业财务目标的顺利实现。

3. 遵循企业财务的基本指导原则

（1）环境适应原则

在现代市场经济中，企业并不是一个孤立的实体，它所需要的经营要素是按照经济求利的原则，向市场取得；它形成的经营成果，也是按照经济求利的原则，向市场提供。由于现代市场经济是经济关系货币化的经济，金融手段全面介入社会经济的运行，金融活动牵导着商品的交换和生产要素的重组，发达的金融市场在现代市场体系中居主导地位，这就决定了金融市场对企业财务行为的社会化具有重大影响，使企业的财务活动从企业内部扩展到企业外部甚至整个金融市场体系，使企业财务与金融市场之间形成一种相互交融的辩证关系。这种情况使瞬息万变的金融市场对企业的生产经营和财务活动产生重大影响。为此，企业财务管理人员就要充分发挥运筹作用，善于适应外部经济环境条件的变化，对企业的财务资源进行有效配置、优化组合，以实现企业内部条件、外部环境和企业目标之间的动态平衡，以便从企业内部条件与外部环境的协调与统一中，促进企业财务目标的顺利实现。

由此可见，在现代市场经济中正确处理好企业内部条件与外部环境之间的协调、统一关系，是企业财务管理人员必须遵循的基本指导原则之一。

（2）整体优化原则

系统论认为，系统是由若干个相互联系、相互作用的要素即子系统组成的特定结构与功能相统一的有机整体。它具有整体性、层次性和最优性等基本特征。企业财务管理作为整个企业管理系统中的一个相对独立的子系统，也是这样。企业财务管理是一项综合性的管理工作，财务活动是企业生产经营主要过程和主要方面的综合表现。因而企业财务管理要从企业整体发展的战略高度来认识和处理有关问题，面对瞬息万变的金融市场，从整体最优化出发，进行科学的投资、筹资和收益分配决策；并在决策实施过程中，充分发挥理财的运筹作用，通过对各种理财方法、理财工具的协调、配合、综合运用，形成一个灵敏、高效的财务运行体，在动态中实现对企业生产经营的导向、调节与控制，尽可能使之符合整体最优化要求。

（3）营利与风险对应原则

经营有利，是企业生存和发展的必要条件，否则，就会在激烈的市场竞争中被淘汰。但在现代市场经济中，营利机制和风险机制往往是并存的。要赚取更高的营利，往往要以承担更大的风险为代价。可见：基于不同风险程度的营利水平，或基于不同营利水平的风险程度，都不具可比性。因而企业理财要贯彻整体最优化原则，就必须正确处理营利与风险之间的对应关系，在这两者之间进行正确的抉择、取得合理的平衡。

(三) 财务工作的职业生涯

财务管理对于企业、金融机构、非营利性组织和政府等都至关重要，任何一个经济组织都存在财务活动，都涉及理财问题，因此，在各行各业的财务管理领域中都存在许多就业机会和工作岗位。实际工作中的财务管理职位分为低级、中级和高级三个档次。

1．低级职位

（1）财务分析员

负责收集并整理财务信息，编制财务分析报表供决策者参考，具体包括资本预算、长期筹资方式分析、资本结构和股利政策研究、兼并与重组分析等协助参与企业的财务决策过程。

（2）信用分析员

负责对向企业申请商业贷款的客户的信用能力和等级进行分析和评估，这对于企业的信用政策至关重要。

（3）现金经理

负责管理企业的短期现金投资，涉及购买短期证券和监管短期投资等，目的是确保企业短期投资始终符合企业的投资目标。

2．中级职位

（1）财务经理助理

财务经理助理又称财务主任助理，现代公司通常设有多个财务经理助理，负责协助财务经理分担其部分工作。

（2）公司财务分析经理

公司财务分析经理又称财务分析师，对公司投融资决策进行技术上的分析，如资本成本、投资预期收益和风险评估等，高质量的财务分析是企业做出财务决策的依据。

（3）公司风险管理经理

负责估计和度量利率、汇率和商品等风险并制定相应的管理策略。

（4）养老金基金经理

专门负责企业给职工的养老保险金的投资和收益管理，选择并监督外部投资经理的行为。

（5）财务报告经理

上市公司通常需要这个职位，负责编制并披露财务报告，目的是定期公告上市公司年报以便向证券市场提供公司经营状况。

3. 高级职位

（1）财务主管

财务主管又称财务主任，通常负责企业日常经营财务管理，涉及企业所有资金流入和流出。财务主管受 CFO（首席财务官）领导，向CFO 报告其工作。

（2）财务总监

财务总监即首席财务官，有的公司称为战略规划副总经理，是现代企业中重要的管理岗位，直接由股东和董事会委派，独立行使职权，是公司重要战略决策的制定者和执行者之一，对企业经营的所有财务方面负总责。

三、企业财务管理的环境

与公司的其他经营决策一样，公司财务活动也要受周围环境的制约和影响，多变的环境可能带来机遇，也可能引起麻烦。公司财务管理的环境是指对企业财务决策产生影响的外部条件，涉及的范围很广，如经济、法律、金融、社会人文、自然资源等都具有十分重要的影响力，其中最重要的是宏观经济环境、法律环境、金融市场环境以及社会文化环境。

（一）宏观经济环境

宏观经济环境是指影响公司财务决策的宏观经济状况，如宏观经济发展速度和水平、经济波动、通货膨胀等。从某种意义上看，宏观经济发展速度是各经济单位发展速度的平均值，一个企业要跟上行业整体的发展并在行业中维持它的地位，至少要保持与宏观经济同样的增长速度。经济周期波动则要求公司迅速调整财务策略以适应这种变化。

通货膨胀是经济发展中最为棘手的宏观经济问题，通货膨胀导致公司产品成本上升，资金需求和资金成本增加，会影响企业的投资收益率和企业资产的价值等，对公司财务活动的影响极为严重。在通货膨胀期间，公司为了实现预期的报酬率就必须采取各种办法调整收入和成本。利息率波动会引起贷款利率变化，股票债券价格变动，直接影响企业的投资收益和利润，影响企业的筹资成本。因此，如何应对利息率波动也是对公司财务管理活动的挑战。政府对某些地区、某些行业、某些经济行为的优惠和鼓励构成了政府主要的经济政策。目前由于我国的管理体制形成了政府政策的多层次性，并根据经济状况的变化而不断调整，公司财务决策应能够利用好这些政策并为政策的变化留有余地，甚至预见其变化趋势。此外，来自行业的竞争、技术发展水平和速度的变化等都是对公司财务决策的挑战。

（二）法律环境

公司财务决策的法律环境是指公司必须遵循的各种法律法规和规章制度。一般而言，国家管理经济活动和经济关系的手段主要有行政手段、经济手段和法律手段。在市场经济条件下，越来越多的经济关系和经济活动的准则用法律的形式固定下来，行政手段逐步减少，而经济手段和法律手段日益增多。企业在进行各种各样的财务活动，处理由此产生的各种财务关系时，必须遵守有关的法律规范，企业不懂法就好比走进了地雷区，随时都会有危险。

（三）金融市场环境

金融市场是与商品市场、劳务市场和技术市场并列的一种市场，在这个市场上活跃着各种金融机构、非金融机构和个人，这些机构、企业和个人在市场上进行货币和证券的交易活动。所有的企业都在不同程度上参与金融市场。金融市场上存在着多种方便而又灵活的筹资工具，公司需要资金时，可以到这里寻找合适的工具筹集所需资金；当公司有了剩余资金时，也可在这里选择投资方式，为其资金寻找出路。在这里，公司通过证券买卖、票据承兑和贴现等金融工具实现长、短期资金的转换，以满足公司的经营需要。在这里，公司通过远期合约、期货合约和互换合约等各种套利、投机和套期保值的手段，可化解、降低、抵消可能面临的利率风险、汇率风险、价格风险等。金融市场还可为企业财务决策提供有意义的信息。金融市场的利率变动反映资金的供求状况，有价证券市场的行情反映投资人对企业经营状况和营利水平的评价。没有发达的金融市场，经济就会遇到困难；不了解金融市场，企业就无法做出最优的财务决策。

1. 金融市场的类别

金融市场可以按照不同的分类标准进行分类。

金融市场按交易对象可分为资金市场、外汇市场和黄金市场。资金市场是进行资金借贷的市场，包括融资期限在一年以内的货币市场和融资期限在一年以上的资本市场。外汇市场是进行外汇买卖的交易场所或交易网络，主要设置在各国主要的金融中心。黄金市场是专门经营黄金买卖的金融市场，包括现货交易市场和期货交易市场，市场的参与者主要是各国的官方机构、金融机构、经纪商、企业和个人。

金融市场按融资期限可分为货币市场和资本市场。货币市场是融资期限不超过一年的资金交易市场，是调剂短期资金的场所，交易内容较为广泛，主要包括短期存贷款市场、银行间同业拆借市场、商业票据市场、可转让大额存单市场、短期债券市场等。资本市场是融资期限在一年以上的长期资金交易市场，主要包括长期存贷款市场、长期债券和股票市场，是企业取得大额资金的场所，企业以投资者和筹资者双重身份活跃在这个市场上。

　　金融市场按交易的性质可分为发行市场和流通市场。发行市场是发行证券的市场，也称为一级市场。流通市场是从事已发行证券交易的市场，又称为二级市场。资金在一级市场上从投资者手中流入企业，二级市场则方便了投资者之间的交易，增加了投资者资产的流动性，提供了公司股票价值的信号，间接地促进了一级市场的发展。

　　此外，金融市场还可以按交割时间分为现货市场和期货市场，按地理区域分为国内金融市场和国际金融市场等。

2．金融中介机构

　　金融中介机构是金融市场上连接资本需求者与资本供给者的桥梁，在金融市场上发挥着十分重要的作用。通常人们将金融机构分为银行和非银行金融机构两类。

　　（1）银行金融机构

　　按照其职能，银行金融机构又可以进一步分为中央银行、商业银行、专业银行。中央银行虽然也称为银行，但它并非一般意义上的银行，而是一个政府管理机构。它的目标不是利润最大化，而是维护整个国民经济的稳定和发展，它的基本职能是制定和执行国家的金融政策。在我国，中国人民银行是我国的中央银行，它代表政府管理全国金融机构，经理国库。其主要职责是：制定和实施货币政策，保持货币币值稳定；依法对金融机构进行监督管理，维护金融业的稳定；维护支付和清算系统的正常运行；保管、经营国家外汇储备和黄金储备；代理国库和其他与政府有关的金融业务；代表政府从事有关的国际金融活动等。

　　商业银行是主要经营存贷款业务、以营利为经营目标的金融企业。随着金融市场的发展，商业银行的业务范围已大大扩展。在我国，中国工商银行、中国农业银行、中国建设银行、中国银行、交通银行、光大银行、招商银行、中信银行、华夏银行、深圳发展银行、上海浦东发展银行、福建兴业银行等都属于商业银行。不论是证券市场发达还是不发达的国家，商业银行都是金融市场的主要参与者。

　　专业银行是只经营指定范围金融业务和提供专门性服务的金融机

构，主要有开发银行、储蓄银行等。

（2）非银行金融机构

非银行金融机构的构成和业务范围都极为庞杂，与公司财务活动密切相关的有：保险公司、证券公司、投资银行、信托投资公司、养老基金、共同基金、金融租赁公司等。保险公司从事财产保险、人寿保险等各项保险业务，不仅为企业提供了防损减损的保障，而且其聚集起来的大量资金还是金融体系中长期资本的重要来源。投资银行主要从事证券买卖、承销，我国习惯上称其为证券公司。证券公司为企业代办、发行或包销股票和债券，参与企业兼并、收购、重组等活动，为企业提供财务咨询服务，与企业的关系十分密切。

共同基金是一种进行集合投资的金融机构，聘请有经验的专业人士，根据投资者的不同愿望进行投资组合，获取投资收益。财务公司不能吸收存款，但可以提供类似银行的贷款及其他金融服务。我国的财务公司多为由企业集团内部各成员单位入股设立的金融股份有限公司，是集团内部各企业单位融通资金的重要机构。金融租赁公司则通过出租、转租赁、杠杆租赁等服务为企业提供生产经营所需的各种动产和不动产。

3. 金融市场利率

金融市场上的交易对象是货币资金。无论是银行的存贷款，还是证券市场上的证券买卖，最终要达到的目标都是货币资金转移，而货币资金的交易价格就是利率。在金融市场上有各种各样的利率，主要有以下几大类别：

（1）市场利率与官方利率

既然利息是资金的价格，利率水平的高低也就与其他商品价格一样是由可借贷资金的供求关系决定的。可供借贷的资金主要来源于居民的储蓄、货币供给的增长和境外资金的流入。资金的需求则主要来自投资、政府赤字、持有现金以及经济货币化过程等。显然，利息率越高，资金的供给就越多，而资金的需求就越小；利息率越低，资金的需求就越高，而资金的供给就越少。根据上述利率与资金供求量之间的关系可以得到资金的供求曲线，资金供求曲线的交点是市场的均衡利率。市场利率就是由货币资金的供求关系决定的利息率，也是由市场供求的均衡点决定其水平的利息率。

官方利率是由中央银行或政府金融管理部门确定的利率，也称为法定利率。我国的利率属于官方利率，由国务院统一制定，中国人民银行统一管理。官方利率是国家进行宏观调控的一种手段，虽然是由政府确定公布的，但也要考虑市场供求的状况。

（2）基准利率与套算利率

按照利率之间的变动关系可以将利率分为基准利率与套算利率。基准利率是在多种利率并存的条件下起决定作用的利率，这种利率的变动将影响和决定其他利率的变动。

（3）实际利率与名义利率

在公司财务决策中区分实际利率和名义利率至关重要，一项投资是赚钱还是赔钱不能看名义利率，而应看实际利率，名义利率和实际利率之差就是通货膨胀率。通常，贷款合同里签署的都是名义利率，包含了借贷双方对未来通货膨胀的预期。倘若对未来的通货膨胀不能做出比较准确的估计，交易的某一方就会发生损失。实际通货膨胀率高于预期，对贷出资金的一方不利；实际通货膨胀率低于预期，则对借方不利。因此，在公司财务决策中更重要的是能够对实际利率做出比较准确的事先估计。

（4）浮动利率与固定利率

为了避免借贷期内由于通货膨胀等因素引起实际利率变动而造成的损失，就产生了浮动利率。浮动利率允许贷款利率按照合同规定的条件依市场利率的变动而调整，适用于借贷时间较长、市场利率多变的借贷关系。固定利率则是在借贷期内固定不变的利率，适用于短期借贷。

（四）社会文化环境

社会文化环境包括教育、科学、文学、艺术、新闻出版、广播电视、卫生体育、世界观、理想、信念、道德、习俗，以及与社会制度相适应的权利义务观念、道德观念、组织纪律观念、价值观念、劳动态度等。企业的财务活动不可避免地受到社会文化的影响。但是，社会文化的各方面对财务管理的影响程度是不尽相同的，有的具有直接影响，有的只有间接影响，有的影响比较明显，有的影响微乎其微。

四、企业财务管理的目标

目标是系统希望实现的结果，根据不同的系统所研究和解决的问题，可以确定不同的目标。财务管理的目标是公司理财活动所希望实现的结果，是评价公司理财活动是否合理的基本标准。为了完善财务管理理论、有效指导财务管理实践，必须对财务管理目标进行认真研究。因为财务管理目标直接反映理财环境的变化，并根据环境的变化作适当调整，所以它是财务管理理论体系中的基本要素和行为导向，是财务管理实践中进行财务决策的出发点和归宿。财务管理目标制约财务运行的基本特征和发展方向，是财务运行的一种驱动力。不同的财务管理目标会产生不同的财务管理运行机制，科学地设置财务管理目标，对优化理财行为，实现财务管理的良性循环，具有重要意义。因此，研究财务管理目标问题，既是建立科学的财务管理理论结构的需要，也是优化我国财务管理行为的需要，在理论和实践上都有重要意义。

明确财务管理的目标，是搞好财务工作的前提。公司财务管理是公司治理的一个组成部分，公司财务管理的整体目标应该和公司的总体目标保持一致。从根本上讲，公司的目标是通过生产经营活动创造更多的财富，不断增加公司价值。但是，不同国家的公司面临的财务管理环境不同，且同一国家的公司治理结构不同、发展战略不同，所以财务管理目标在体现上述根本目标的同时有两个成熟的表述。

（一）利润最大化目标

利润最大化观点的持有者认为：利润代表了企业新创造的财富，利润越多则企业的财富增加得越多，越接近企业的目标。利润额是企业在一定期间经营收入和经营费用的差额，是按照收入费用配比原则加以计算的会计税后净利润，反映了当期正常经营活动中投入与产出对比的结果。股东权益是股东对企业净资产的所有权，包括股本、资本公积金、盈余公积金和未分配利润几个方面。其中股本是投资人已经投入企业的资本，如果不增发，它不可能再增大；资本公积金则来自股本溢价、资产重估增值等，一般来说，它数额再大也不是企业自身的经营业绩所致；只有盈余公积金和未分配利润的增加，才是企业经营效益的体现，而这两部分又来源于利润最大化的实现，是企业从净利润中扣除股利分配后的剩余。因此，从会计的角度来看，利润是股东价值的来源，也是企业财富增长的来源。在股份制公司的企业组织形式成立以前，利润最大化是企业财务管理的唯一目标，因为企业业主既是股东又是经理人，他会兼顾眼前和未来利益。

目前，我国在许多情况下评判企业的业绩还是以利润为基础。如企业在增资扩股时，要考察公司最近三年的营利情况；在考核国有企业经理人员的业绩时，也以利润为主。

（二）价值最大化目标

与利润最大化比较，价值最大化目标更正确。原因是企业目前的模式都是股份制公司，股份制公司最大的特点就是所有权和经营权相分离，也就是股东聘用经理人管理自己控股的公司。因为聘用制有期限限制，如果以利润最大化为财务目标，由于经理人是理性人，出于私利会追求短期行为，而价值最大化中的价值是指资产未来收益总现值，追求的是长期行为，再加上资本市场更加完善，公司股价可直接观察到。

1. 股东财富最大化

股东财富的表现形式是在未来获得更多的净现金流量，股票价格也是股东未来所获现金股利和出售股票所获销售收入的现值，所以，股票价格一方面取决于企业未来获取现金流量的能力，另一方面也取决于现金流入的时间和风险。因此，与利润最大化目标相比，股东财富最大化目标体现出以下优点：股东财富最大化目标考虑了现金流量的时间价值和风险因素，因为现金流量获得时间的早晚和风险的高低，会对股票价格的高低产生重要影响。股东财富最大化在一定程度上能够克服企业在追求利润上的短期行为，因为股票的价格在很大程度上取决于企业未来获取现金流量的能力。股东财富最大化反映了资本与收益之间的关系。因为股票价格是对每股股份的一个标价，反映的是单位投入资本的市场价格。此外，股东财富最大化目标也是判断企业财务决策是否正确的标准，因为股票的市场价格是企业投资、融资和资产管理决策效率的反映。

股东财富最大化观点的持有者提出，追求股东财富最大化实际上并不损害其他相关者的利益，恰恰相反，它是以保证其他相关者利益为前提的。因为企业满足股东财富最大化的结果，也增加了企业的整体财富，其他相关者的利益也会得到更有效地满足。

从契约经济学的角度看，企业是各种利益相关者之间契约的组合。通过书面契约，管理者、员工、供应商等可以保护自己的利益免受股东的侵害；即使没有与某些利益相关者订立书面契约，企业仍然受到法律和道德的约束。而且，如果企业违反了契约的规定，利益相关者就会中断与企业的交易，企业最终会遭受损失。

2. 社会责任与相关利益者冲突

企业在实现股东财富最大化目标时，需要承担必要的社会责任。然而，承担社会责任需要花费一定的成本，作为补偿，企业就要提高产品的价格，这必然使企业在与同行业其他公司的竞争中处于不利地位。而且，如果企业将大量的资源贡献给社会公益活动，也会受到来自资本市场的压力，因为在资本市场上，投资者更青睐那些专注利润和股价上升的企业，而不是那些将大量的资源贡献给社会公益活动的企业。

在要求企业自觉承担大部分社会责任的同时，也要通过法律等强制命令规范企业的社会责任，并让所有企业均衡地分担社会责任的成本，以维护那些自觉承担社会责任的企业的利益。强制命令包括劳动法、产品安全、消费者权益保护、污染防治等法案，另外，还有行为和道德评判也会促使企业维护社会的利益。

第二节　财务管理的价值观念

一、财务管理价值观的涵义

价值观是社会文化体系的核心，是个体世界观和人生世界观的重要组成部分，它构建着人们的精神家园，有着重要的社会功能。在当代社会，价值观问题越来越受到人们的广泛重视。企业的财务管理也有必要把价值观作为重要概念纳入自己的理论框架，并从价值观的角度来理解各种财务管理问题。因此从理论和实践上揭示财务管理价值观的内涵应当成为企业财务管理研究的重要内容。在对财务管理价值观进行阐述与论证之前，首先必须对价值、价值观、财务管理价值观的涵义做一个清晰的解释。

价值是凝结在商品中的无差别的一般人类劳动，各种商品的使用价值不同，创造它们的具体劳动也不同，它们之所以能够互相交换，必然有一个可以比较的共同基础。撇开了商品的使用价值以及生产使用的具体劳动，那么剩下的就只是一般人类劳动的生产物，即不管是以哪种具体形式所进行的劳动，它们都全部化为无差别的相同的一般人类劳动即抽象劳动，形成商品的价值。商品的价值只是无差别的人类劳动的单纯凝结，即不管以哪种形式进行的人类劳动力耗费的单纯凝结。这些现在只是表示，在它们的生产上耗费了人类劳动力，积累了人类劳动。这些物，作为它们共有的这个社会实体的结晶，就是商品价值。从哲学上来讲，价值是一个关系范畴，是客体的存在及属性同主体的尺度及需要的一致性。世界上万事万物，就其本质来讲是不以人的意志为转移的客观存在，是无所谓价值的，但一旦成为人们的认识对象和实践对象以后，客体的某些属性就可能满足主体的需要，即产生了价值。因此所谓价值就是客体的属性对人的需要的有用性。通俗来讲即认为事物对人有用，能满足人的某种需要，符合人的某种利益即事物有价值。所以讨论价值问题是一个主体认识的问题。

价值观是人们关于价值的根本观点、根本看法。价值是一种客观存在的社会现象：人们在生活中不断地追求和创造价值，同时也在不断地认识和评价价值。价值观是人们基于生存、享受和发展的需要对某类事物的价值以及普遍价值的根本看法，是人们所持有的关于如何区分好与坏、对与错、符合与违背意愿的总体观念，是关于应该做什么和不应该做什么的基本见解。作为一个社会人，他在其日常生产生活过程中会形成对价值的理解，各种方面的价值理念便会形成在其潜在的思维意识中。当这种意识作用于行动时，得到了一种支持或者激励的反馈，那么久而久之，这种思维意识就会在这个人的主观思维中定格，以后的各种行为，便会在潜意识的作用下遵循这种"习惯"和"思维方式"，那么此时，价值观就产生了。

财务管理哲学属于一般哲学世界观和方法论的理论体系的一部分，它是哲学在财务管理学科中的具体体现。哲学对财务管理哲学的研究具有指导作用，财务管理哲学也会因为哲学的发展而发展。同时财务管理哲学的实践发展也会丰富哲学的理论。财务管理活动中，人们对于价值存在不同的理解和看法，所以在财务管理工作中也会有潜在的"习惯"和"思维"。这就说明财务管理价值观是客观存在的，而且起着至关重要的作用，因此，财务管理价值观被奉为财务管理哲学的"灵魂"。财务管理价值观就是人们对财务管理活动中那些具有重要意义和作用的事物和因素的认识、评价和选择，表现为人们在财务管理活动中的主张、信念、宗旨等。财务管理价值观是以价值管理为主线，贯穿于财务管理活动中各个环节中的一个理念，这个理念是价值观念、管理哲学等的融合体，它是组织成员对财务管理活动所产生的观念、所持的态度、处理问题的方式等。就其形式来讲，它是人的思想范畴，是指人的价值理念。

（一）财务管理价值观具有意识性

根据哲学原理所知，意识反作用于物质。当财务管理价值观产生之后，它的发展就依赖于客观的财务管理活动或企业整体所处的环境，也依赖于财务管理参与者自身观念的发展和完善。

（二）财务管理价值观是以价值管理为链条

价值观的表现形式是多样性的。财务管理价值观的表现形式也会因为不同的财务工作组织形式、财务人员构成和财务管理文化而不尽相同。但是，树立财务管理价值观的目的，就是以提高企业的实际市场价值为目标，财务管理价值观模式也是以增进现金流和提升企业价值为导向的综合性理财模式。财务管理价值观的建立过程，是渗透在财务管理的各种活动之中的。各种财务管理活动的目标是为了实现价值创造，最大限度地增加股东财富，从而实现企业价值最大化，而这一点，也正是价值管理的实质。因此，价值管理是财务管理价值观的主线。

（三）企业财务管理价值观会受到内部环境和外部环境共同的影响

企业财务管理价值观同任何事物一样，也会受到内部环境和外部环境共同的影响。因此，财务管理价值观也是在不断地变化发展中的。当量变因素逐渐积累到质变时，财务管理价值观就会发生质的变化，从而使财务管理的各项决策发生调整。

财务管理价值观决定着财务管理的发展方向，决定着财务管理者的个性，使其形成与众不同的特色。它规范着人们的理财行为，协调着各种财务关系和财务活动。

二、企业价值观、企业文化与财务管理价值观

企业文化、企业价值观与财务管理价值观是相通但又相互区别的一组概念。

企业文化特指在一定的社会经济条件下，一个企业通过其长期的经

营实践所形成的，并为全体企业员工所公认和遵循的价值观念、职业道德、行为规范和准则的综合。就其形式而言，它属于人的思想范畴，是人的价值理念。而就其内容而言，它是企业制度与企业经营战略在人的理念上的反映，是从内在上约束和激励人的价值理念。企业的价值观具有意识性，是企业文化众多层面中的核心内容。由此可知，企业价值观是企业文化的一部分，特指人的思想范畴。而财务管理价值观也属于人的价值理念，具体表现在财务管理活动中人们所共有的观念、价值取向以及行为等外在的表现形式。在这一点上，企业文化、企业价值观与财务管理价值观是相通的。

但企业文化还有一个非常重要的组成部分就是企业制度与战略。具体表现为由现成的管理制度和管理程序、书面和非书面形式的标准和程序等。财务管理价值观的规范作用并不是通过财务制度、权力等管理手段来实现的，而是渗透到人们的道德、习惯及作风中去，通过全体员工对自己的高标准、严要求来实现。

另外，企业价值观与财务管理价值观所涵盖的范围是不一样的。企业价值观渗透于企业的各个方面，财务管理价值观，是只涵盖财务管理的活动。

三、资金时间价值

（一）资金时间价值的含义

资金时间价值是指一定量的资金在不同时点上的价值量的差额。资金的时间价值来源于资金在运动过程中，经过一定时间的投资与再投资所产生的增值。

资金时间价值在商品经济中是十分普遍的，资金时间价值有两种表达形式：相对数和绝对数。相对数即时间价值率，是指在没有风险和通货膨胀条件下的社会平均资金利润率，通常可以用国库券来代替。

（二）资金时间价值的作用

随着我国经济的不断发展，各项金融体系、经济制度等正在不断地建立和完善。资金时间价值由于代表的是扣除了风险和通货膨胀贴水后的社会平均收益率，它是企业资金利润率的最低限度，因此它是评价企业经济效益，考核经营成果的重要依据。

在企业的筹资活动中，企业需要根据资金时间价值选择筹资的时机，确定筹资的规模。在实际的筹资环境中，企业筹资的时点和投放资金的时点总是不一致的。企业只有在最接近资金投放时点筹集到足够的资金，才能避免资金的浪费，使企业的收益达到最大化。企业所面临的投资机会是很多的，但是并不是所有的投资机会都适合企业，只有在项目的收益大于筹资成本时该项目才是可行的。

在企业的投资活动中，企业需要从动态的角度分析不同项目的可行性，为投资决策提供依据，提高投资决策的正确性。企业树立资金时间价值观念，以能够正确地看待项目的建设期以及不同时点上的资金流量。

(三) 资金时间价值的几组重要概念

1. 现值和终值

现值又称为本金，是指未来某一时点上的一定量的资金折合为现在资金的价值。终值又称为本息和，是指现在一定量的资金折合为未来某一时点上的价值。

2. 复利和单利

单利，是指按照固定的本金计算利息的一种计利方式。按照单利的计算方法，只有本金在贷款期间中获得的利息，不管时间长短，所生利息均不得加入本金重复计算利息。

复利，是指不仅对本金计算利息，还对利息计算利息的一种计利方式，即俗称的利滚利。

在现代财务管理中，财务估价一般都按照复利计息方式计算资金的时间价值。

四、等额系列收付款项——年金

年金，是指在一定时期内每间隔相同时期等额收付的系列款项。在提及年金概念的时候，需要注意两个问题：一是每期的金额和间隔时间是相等的；二是期数必须两期（包括两期）以上。年金根据发生时间的不同可以分为普通年金、预付年金、递延年金、永续年金四种。

第二章　企业价值管理

第一节　价值管理概述

一、价值管理的特征

与传统财务管理模式相比，价值型财务管理从管理理念到管理方式都已发生变化，表现出以下特征。

（一）承认公司价值的多因素驱动

决定公司价值的因素是多元的，公司在追求价值最大化的过程中，VBM（Value Based Management，VBM）考虑了公司经营的收益与风险互动关系，体现了对投资报酬的深层次理解，将经营管理行为与长期财务目标联系起来，这些行动必须在财务决策、业务流程等系统中同时实施，公司在为股东寻求回报的同时，满足了管理者、债权人、供应商、客户、员工、政府等的共同价值需求。

（二）奉行现金流量为王的行为准则

企业价值的概念是基于与适度风险相匹配的已经获得和可能获得的自由现金流量。自由现金流量是公司价值的根源，其变化代表着公司实际的、可控制支配财富的变化。

（三）重申机会成本观念

只有公司投入资本的回报超过资本成本时，才会为公司创造价值。

（四）决策模型化

企业的任何决策应当可以寻找到行为对企业价值的直接影响变量，

将大量的变量纳入一个分析模型中，使得决策从经验主义层面走向精准的绩效导向管理层面。

（五）强调以过程为导向

以过程为导向，包含着确立价值最大化为公司的终极目标，以制定战略、制订计划、分解确立短期目标、激励和指导员工为完成目标而进行的一系列行动，即战略、组织、控制、评价等，同时它特别关注如何运用这些概念实现战略和日常经营决策的连接，这正是价值型财务管理模式关注的焦点。

二、价值管理与财务管理的相互关系

（一）企业价值是现代财务理论体系的起点与核心

企业的各种财务决策都将直接影响企业价值。作为理财目标的一种选择，企业价值及其最大化的合理性与科学性得到了人们的肯定和支持。由此，企业价值作为财务目标的内容，成为财务理论体系衍生发展的起点，更成为整个理论体系的核心。在投资组合理论、资本资产定价模式、资本结构理论、股利理论等现代财务理论中，它们无一不是以价值最大化为起点，并无一不涉及风险与收益均衡的问题。可见，企业价值最大化已成为现代财务理论的起点与核心，失去企业价值，现代财务理论体系将失去目标。

（二）以价值为基础的财务决策是企业实行价值型管理的前提

现代公司管理的核心就在于财务决策——投资决策与融资决策。以实现公司价值最大化作为理财目标。在这个过程中，财务管理需要着眼于未来，很好地规划公司在可预计年度内的效率及其成长，不断提高公司价值。企业价值最大化作为企业财务管理的基本目标，不仅指明了企业财务管理的预期结果，还明确了所应采取的措施——努力提高净现金流量，均衡风险与收益，关注长期发展能力及财务决策的范围，成为企业各项财务决策的出发点。首先，任何一个企业在财务决策之前，都必须了解企业的现有价值。其次，在企业价值最大化财务目标的指导下，财务决策过程实际就是一个分析该决策可能对企业价值造成何种影响的过程。最后，财务决策实施后的企业价值变化，作为该财务决策的现实结果表现，是评价该决策优劣的公正尺度，同时又为企业今后的财务决策提供了前提。

（三）公司价值管理为投资者和经营者提供了价值发现的过程

投资者和经营者可根据价值评估的结论，衡量其投资价值，从而做出正确的投资决策，最终买卖双方通过协商确定一个共同认可的价值。公司价值是决定公司一切财务活动的基础，公司价值评估中所体现的经营观念必将转化为公司较强的生存能力和竞争能力，决定经济资源的合理流向，从而有助于公司的持续稳定发展。在公司价值最大化财务目标的指导下，财务决策过程实际就是一个分析该决策可能对公司价值造成何种影响的过程。

三、企业价值的本质

企业价值的本质为内在价值，但由于内在价值的难以精确性，通常用企业的公平市价代表。企业的公平市价又常常用它的清算价值与持续经营价值中较高的一个作为代表。企业的持续经营价值一般以企业的营利能力价值为基础。当未来现金流量现值很低时，企业死亡比存活更有价值，则公平市价就等于清算价值。在较高的未来现金流量期望水平上，清算价值变得越来越不相干，公平市价几乎等于持续经营价值。当企业的某些资产在清算时较有价值，而其他资产持续经营则较有价值时，企业的公平市价就是分别用于各资产的清算价值和持续经营价值的总和。即使在企业消亡比存活更有价值的情况下，控制公司的个别人也不选择清算的话，则情况出现例外：由于少数股权不能强制清算，少数股权的公平市价可能降到清算价值之下，这时控制公司的个别人就在攫毁一部分企业价值，如果出现这种情况的话，少数投资者在这时所确定的价格就不反映企业的真实价值。若价值与销售价格统一的话，则公司价值的一个明显指标就是它的市场价值，即它的股票价值加上债务价值。然而，市场价值衡量的是公司对少数投资者的价值，是少数当前已交易股票的价格，不是控制股权可以交易的可靠价格指标。

四、公司价值动因

公司价值创造的基本动因可归结为以下几点：

（一）产权管理

产权管理实质上是从公司治理层面对资本结构管理的另外一种理解。产权管理解决的问题是债务资本与权益资本的相互关系，及各自内部结构的比例关系。除了对公司控制权和治理结构方面的影响外，产权管理主要是通过影响公司的投资资本额和资本成本，进而影响资本费用和企业当期的经济增加值。

（二）营运资本管理

营运资本亦称循环资本，简单来说就是存货加上应收款减去应付账款。营运资本管理与经营性现金流量管理，实质上是一个问题的两个方面。

营运资本管理通过有效的资源分配以加快周转，以最小额的营运资本推动最大额的销售收入，从而提高公司的运作效率和营利能力。

（三）增长管理

实现增长主要包括资本预算和并购两个方面。前者是指公司将其核心能力应用于新的业务领域，通过投资开辟了新的投资项目，新业务为公司带来增量价值；后者是指以现有资产或资源为基础，通过资本运作手段，实现价值增值。营运资本管理中也有增长管理问题，如现有业务的销售增长，在地理上开发了新的市场等，但这些没有包括在"增长管理"范围内。

理财要与战略管理相配比、相融合，将资源有效配置的观念贯穿于战略管理和经营管理的全过程。一般来说，从长远来看只有增长才创造价值，投资实现的增长所创造的企业价值，比重组价值更能抗御风险；但依托于资本市场的并购也极为重要，它不仅可能为公司带来重组价值，更重要的是实现了公司有效资产与资本市场的联结，创造了更为稳妥、更具潜在价值的业务退出通道。

五、企业价值的形式

（一）公平市价

简单地说，公平市价即交易双方在地位平等的基础上，为自己的利益讨价还价而成交的价值。值得注意的是，公平市价是经济学假想的标准，参照物为机会成本。

（二）现时价值

现时价值有两方面的性质：一方面为现时变现价值，即当前市场价值，另一方面为现时购价，即重置成本。重置成本指重新建造、制造或在现行市场上重新购置全新状态下的资产价值。重置成本又分为复原重置成本与更新重置成本。复原重置成本是指按照现实市场价格、与评价资产相同的材料和设计标准、制造工艺，重置一个功能完全相同的全新资产所需的全部成本。更新重置成本指按照现实的市场价格，使用先进的材料、设计工艺，建造、制造或购买与评估资产具有相同功能的全新资产所需的全部成本。由于技术进步导致的新材料、新生产工艺的出现，一般不可能对评价资产完全复原，因此，重置成本通常指更新重置成本。

（三）内在价值

内在价值又称真实价值，指凭事实本身而具有的价值，这些事实包括资产、营利、股息及管理的因素和理性的预期，即企业本身存在的合理性所产生的价值。它的基础是营利能力价值，一般以公平市价为代表。内在价值只能逼近而不能达到,其难以精确之处表现在只要企业内的任何一种价值驱动因素变动,都会导致内在价值的变化。

(四)持续经营价值

"持续经营"是企业赖以存在的前提,也是会计的基本假设之一。其价值强调有形资产及可识别的无形资产营运价值,一般等同于营利能力价值,用企业未来年平均所产生的营利除以适当的资本化率而得到,也即企业的未来现金流量的现值。

(五)账面价值

账面价值指会计学上依权责发生制的历史成本原则和配比原则对资产与权益的评价。如资产负债表上的资产与负债之价值,本质上代表各项资产及负债在结算日的历史价值,反映的是在各取得日或发生日的历史成本到结算日之累积成本,而非结算日之现时价值。股东权益价值即剩余产权,表示某公司在结算日其经济资源与经济义务之差,本质上源于历史成本原则。

(六)清算价值

清算价值指企业被迫破产停产或其他原因,在解散清算时将企业资产部分或整体变现出售的价值。企业发生清算,大部分情况乃迫不得已,因此清算价值又称逼售价值。企业一旦发生清算,就丧失了整体的"集体生产力",丧失了营利能力及"组织资本"。清算时的企业价值仅指企业的有形资产及可识别的无形资产之净变现价值。

六、公司价值管理的层次

公司价值管理分为概念、战略、实施决策、制度四个层面。事实上,价值管理中的"价值"是一个复合概念,它往往是对企业产生重大影响的利益相关者包括投资者、员工、客户、政府、供应商等博弈的结果。企业的价值客观存在于利益相关者的评价中,主要包括股东价值、员工价值和客户价值。因此,价值管理的一个必要前提就是企业清楚自己的利益相关者是谁，了解他们对企业的要求，努力使他们感到最大限度的满足，最后取得他们对企业的信任、承诺和忠诚。适应利益相关者的要求并使之发挥调节企业战略的杠杆作用，是 21 世纪企业能否取得竞争优势的关键所在。

七、价值管理过程

价值管理开始于战略，结束于取得财务结果，因而它是联系战略和财务结果的纽带。

成功的价值管理，要求将为价值进行管理的理念融合到决策的制定中去。制定决策时，要以决策目标——价值管理作为开端，并且通过财务和非财务手段来支持这个目标。使用的方法必须包括在战略制定、预算、报告、激励机制、薪酬等主要管理过程中，目的是增加业绩或做出正确的投资决策。只有当管理人员把价值最大化作为公司的目标时，公司才可能真正实现价值管理，而要实现这一目标，管理人员首先必须制定经营战略。然后管理者必须把这个目标和经营战略转变为公司的一种理念。这种理念需要自始至终地贯穿于公司自我衡量、自我管理的过程中，及公司为了扩展业务所做出的新投资决策中。

从逻辑上可以将价值管理的主体分为五大类：目标、战略、业绩衡量、管理过程以及决策。实现目标需要战略，业绩衡量可以控制战略实施的过程，可以使公司在管理过程中得到正确的决策。当然，一个管理过程或许会集中于这个优先目标，而另一个管理过程则会集中在其他的优先目标上。因此必须在管理过程中向管理者输送持续一致的信号。

八、股东价值

（一）股东价值的内涵与经济意义

1. 股东价值的内涵

股东价值指股东对公司未来收益的所有权。这种未来收益的基础是公司的市场价值，等于从其目前规划的经营活动所产生的、可预测的未来营利，是按风险利率进行折现后的现值。股东价值必须经风险贴现。这种贴现是投资者对公司使用其资金所要求的补偿，因为在将资本投入公司时，投资者冒着以下风险：资本被耗尽而没有任何回报；资本回报率达不到所要求的水平；如果将资本投向其他方面，他们本可以得到更高的回报。为了补偿他们所冒的风险，必须承诺给他们的回报高于他们所投入的资本。由此可得出结论，公司的股东价值等于公司目前和规划的经营活动中产生的可预测的未来营利经风险贴现后的现值。

2. 股东价值的计量

按传统财务理论，一个公司的价值是债务与股权价值的总和，而股权部分则称之为股东价值。

公司价值的债务部分包括债务的市场价值、未支付的养老金以及其他索取权的市场价值。综上所述：股东价值＝公司价值－债务。可见，要想计算出股东价值，必须先计算出整个公司或业务单元的价值，也就是公司价值。

(二) 为增加股东价值而管理

1. 为股东价值而管理销售活动

从股东价值的角度考虑，销售有两方面的价值。一方面，它代表着实现公司现有竞争优势潜力的收入承诺；另一方面它还能帮助公司建立一个更强大的未来竞争优势。从投资者和管理股东价值的角度考虑，企业有些收入是中性收入，甚至还有将股东价值推向反面的不良收入。中性收入指主要竞争市场之外的收入，通常是机会性销售的结果。它增加了运营资本，但并不表示公司在市场力量方面有什么收获，竞争优势缺口和竞争优势期间都没有改变。不良收入来自主要竞争领域之外，而且是以稀缺资源为代价换取的，它使股东价值走向反面。可见一味扩大销售追求市场份额并不一定增加股东价值。从股东价值出发，管理销售正确的理念是，努力扩大良性收入，减少中性收入，杜绝不良收入。

2. 为股东价值而管理营销活动

营销活动最重要的目标是帮助公司瞄准它能从中获得可持续竞争优

势的目标市场。企业一般面对的市场可分为两类：市场 A 和市场 B。市场 A 是一个大规模市场，已经有一定数量的厂商在其中，它们有许多机会来开发它。作为一个整体，市场已经得到了开发，但出现的新市场空间尚未开发。市场 B 是一个被忽视的市场，没有有效的市场领导者。整个市场都从未得到开发。如果企业已经是正在其中运行的厂商之一，那么市场 A 是更好的选择，如果企业不具备在现有市场上的强势地位，那么市场 B 是好得多的选择。选择市场的目标是基于其未开发潜力的大小，并考虑公司获得市场优势的可能性，这是可持续竞争优势的关键要求。一般而言，当公司在大规模现存市场上追求利润空间时，应集中精力成为池塘中最大的一条鱼，这使得营销规则变成了对鱼池比率的监控。

3. 为股东价值而管理营运活动

管理股东价值，公司主要解决核心、关联业务的组织问题。公司应清楚自己的经营活动中什么是核心业务，什么是关联业务，并能够迅速拿出管理关联业务的解决方案，且将注重实效、真正行之有效的外包关系付诸实施，这都是现代企业所要经常面对并作出应对措施的问题，也是影响股东价值的重要方面。总之，区分核心和关联的界限会有利于公司更好地利用其资源，并且是提高股东价值的有效途径。

4. 为股东价值而管理财务活动

与管理股东价值联系最为直接的是财务部门，作为损益结果的监管者，预算活动的领导者，各种月度报告的编制者和季度报告的发布者，它们通常将自己视为公司和股东达成一致财务认识的通道。然而在成长性行业中，可持续竞争优势在相当程度上取决于开拓市场时所取得的早期市场地位，用纯粹的损益法来制定战略措施和规划是极度错误的。缩小的竞争优势缺口要么直接表现为销售收入的下降，要么表现为当公司为弥补其竞争优势缺口欠缺而进行的折扣所导致的毛利率降低，或者二者兼而有之。无论哪种情况，损益指标都使得管理层必须面对这个问题，而且开始采取行动。

九、员工价值

(一) 员工价值的内涵与决定因素

1. 员工价值的内涵

员工价值是员工满意度的综合衡量方式。提高员工的满意度可以留住优秀的员工，而优秀员工对企业的无限忠诚，可以对企业价值的创造发挥基础保障作用。首先，如果雇员忠诚，他们学习并提高效率的机会就多；其次，忠诚的雇员长期在公司工作，便为公司节省下了招聘和培训费用，这笔钱就可用于增加客户满意度的种种措施之上；最后，用来赢得雇员忠诚并激励他们士气的经营思想和政策，也可用来争取更多更好的客户。

2. 员工价值的决定因素

与雇员忠诚相关的七种经济因素如下：招聘投资、培训、效率、选择客户、留住客户、向客户推荐、雇员推荐。

(二) 员工价值的核心——生产率

生产率通常指雇员创造价值的速率，而生产率的增长对于企业和社会的健康都是不可或缺的。生产率增长是可持续成本优势的主要源泉，也是雇员获得可持续补偿的唯一源泉。就提高生产率而言，有效地降低成本的唯一途径是让雇员尽可能多赚一些钱，即为高质量的人工支付较高的价格。

1. 低成本

在今天的服务经济里，雇员第一次同时对企业的收入和成本发挥着决定性的作用，并将两者联系在一起。为了更为高效地管理生产率，许多企业实行按出纳员人均交易量等局部效益测算指标，忠诚领先企业也一样重视这些指标只是更为强调生产率的全范围衡量指标，即雇员人均收入。由于雇员实际上控制着营业收入和成本，公司必须变革它们的雇员政策，以期产生或者增强两大效应：雇员的学习曲线，雇员利益和公司利益的协调。

2. 学习曲线

学习曲线这一概念是在 20 世纪才逐渐形成并得到研究的，主要产生于汽车、半导体等行业。工程师们注意到，制造单位产品所需要的时间和金钱会随着生产数量的增长而递减。这些发现逐渐变成了制造业管理工具的一部分，后来在企业的发展策划中也发挥了作用。因此，对于现代企业来说，测量雇员个人的学习曲线，要比考察所谓的公司学习曲线更有意义。

十、客户价值

客户是企业生存与发展的基础，企业的价值归根结底是能满足特定的客户需要。

(一) 经营利润链及其核心内容

利润、增长、客户忠诚度、客户满意度、客户获得的产品及服务价值、员工的能力、满意度、忠诚度、劳动生产率之间存在着直接、牢固的关系。经营利润链的中心是客户价值等式。它表明：提供给客户的产品和服务的价值，与为客户创造的服务效用以及服务过程质量同等重要。它们与客户购买服务的价格及购买过程中其他成本相互关联。

(二) 客户价值管理

以客户价值为基础的方法，是一种在企业与客户所需之间取得平衡与一致的方法。一旦一家企业或一个商业流程达到了客户所定义的愿景，企业就必须持续监督市场变化，更新愿景。只有以形式化、可重复进行的过程来实施客户价值管理，才能主动地察觉市场的改变，并采取相应措施，提高业务能力。

1. 客户需求子流程

这是一套正式记录程序，目的在于定期分析目标市场需求。这些程序包括：①市场细分与重新定位；②监督各个细分市场的需求与希望；③需求的行为驱动类别；④客户定义为战略性理想价值提供愿景。

2. 客户对企业表现认知的子流程

这是一套形式化的活动与明确记录的程序，用来取得客户对公司表现的衡量标准，这个子流程包括：①持续进行的客户满意度调查，②在产品或服务与客户互动之后，进行由事件驱动的客户调查。

3. 客户抱怨子流程

这一流程的主要目的是提供迅速的反应并解决问题。因此处理抱怨的流程是调查的良好渠道之一。

4. 客户服务子流程

客户服务的一个明显目的，即提供任何客户要求的事物，另一个目的则是分析这些要求，以得知客户的需求与希望。

5. 找出机会并确定优先顺序的子流程

这是将客户价值管理的金字塔顶端转化为业务优先事项，以作为金字塔中层和金字塔底层的投资决策。

6. 企业财务计划子流程

必须加以修正或建立以涵盖两个重要的客户导向要素。

①流程负责人有权利和责任，以企业整体的观点，通过跨部门的行动和投资改善企业。

②企业的资源（财务、信息技术人员等）必须根据客户的意见，分配到每个流程中。

客户价值管理提供了一个机制，以满足客户需求所带来的潜在报酬为基础，将整个企业的财务与资源进行跨部门的整合。只要实施这种流程，企业便可以观察市场变化，并在客户的需求与公司的能力之间维持平衡。

第二节　价值链管理

一、价值链概念的提出

价值链概念是 20 世纪 80 年代中期首次提出的。要达到价值创造的目的，公司的各种活动都是不可缺少的，但具体到某一项或多项活动是价值创造活动还是成本驱动因素，则要进行具体分析。这一分析框架将公司的活动分解为不同的、影响公司相对成本地位、产品歧义的具体活动，这些活动的组合创造出对客户有价值的产品，从而塑造出公司的竞争优势。这些活动本身的不同方式以及其不同的组合方式就是不同的公司战略的本质所在。

（一）基本活动

内部物流：与接收、储存及原材料有关的活动。

生产经营：将输入转化为最终产品的活动。

外部物流：入库、储存及发货等将产品送交购买者的活动。

市场营销：吸引客户来购买并为他们提供方便的活动。

服务：提高或维持产品价值的活动。

（二）辅助活动

采购：购买价值链所需的输入。

技术开发：用以提高产品价值及生产过程效率。

人力资源管理：招聘、雇佣、培训员工，发展其技能。

基础设施：总体管理、计划、财务、会计、法律、质量管理、公共事务等。

通过分析总体产品成本中每一活动成本配置情况可以估计这一活动的重要性，同竞争对手或行业标准比较在成本结构方面的不同，可以知道公司的竞争力所在或其提升潜力。

二、价值链的特征

（一）动态性

因企业战略和适应市场需求变化的需要，居于链条中的企业需要动态地更新，这就使价值链具有明显的动态性。

（二）复杂性

价值链往往由多个、多类型甚至多国企业构成，所以其结构模式比一般单个企业的结构模式更为复杂。

（三）面向用户需求

价值链的形成、存在、重构都是基于企业的价值增值，即从客户的价值增值出发，为满足市场需求而发生的，并且在价值链的运作过程中，用户的需求拉动是价值链中信息流、物流与资金流动作的驱动源。

（四）交叉性

节点企业可以是这个价值链的成员，同时也可以是另一个价值链的成员，众多的价值链形成的交叉结构，增加了协调的难度。

三、价值链分析：战略定位

价值链分析的理念和方法已被广泛应用。价值链分析是指企业对经营活动进行识别、分类、排序和优化活动的整个过程。企业价值链分析是企业实施战略成本管理的首要步骤。它的目的在于：明确企业各项活动对于产品价值的贡献，了解企业价值链内各环节之间的联系，以及企业与客户、供应商之间的价值链关系，分析各价值链环节的价值与成本，以便企业对价值链进行优化，确定发展战略。

（一）价值链分析的类型

在以往许多战略管理的研究文献中，价值链分析都是被作为一种理论工具来讨论，往往与具体战略决策和实施过程没有紧密的联系，所以导致价值链分析在实际运用中的作用没有被真正体现出来。其实，价值链分析作为战略成本管理的工具，并非泛泛而谈，企业应针对不同层面的战略问题进行具体的价值链分析。企业的战略决策一般包括企业整体战略决策和产品战略决策，相应地，价值链分析也应包括企业价值链分析和产品价值链分析。

1. 企业价值链分析

所谓企业价值链分析，是指把企业所有的经营活动进行归类分析，按照职能和运行程序形成价值链，分析各环节的价值和成本，并进行优化的方法。企业价值链要比产品价值链内容更宽泛，它不仅包括各种与产品生产经营直接相关的活动，还包括企业其他价值活动如研究与开发、行政管理、基础设施维护、财务、安全、环保等基础活动。企业价值链分析的目的，是通过企业整体价值链分析，找出企业在某个价值链环节上存在的问题，以便采取全局性战略措施，改善企业价值链。

2. 产品价值链分析

产品价值链分析是把每一种产品作为价值链分析的对象，分析其价值和成本。一个产品的价值链一般包括供应、生产、营销、售后服务四个环节，每个价值链环节又包括许多活动。例如采购活动包括联系供应商、谈判、运输等活动，而生产环节则包括生产准备、机器维护、动力传递等许多活动。

(二) 价值链分析的基本程序

价值链分析的基本程序包括以下几个方面：

1. 识别价值活动

这里所说的识别价值活动，其工作内容包括两个方面，一是要识别企业经营中所有与价值有关的活动，这些与创造价值有关的活动链形成企业最基本的作业链；二是将这些与价值创造有关的作业链按职能和重要性进行各种分类和整合，以便建立企业的总价值链。

2. 价值链的确定

价值链的确定是指将企业的各种与价值创造有关的活动，按内外部职能、工艺流程和重要性等进行分类汇总。具体来讲，对内有设计环节价值链、供应环节价值链、生产环节价值链、营销环节价值链、售后服务环节价值链和管理支持活动价值链等；对外有向前一体化价值链、向后一体化价值链和分解化价值链等。企业也可以根据具体特定价值管理活动的要求，建立全面质量控制价值链和全面成本控制价值链等。每条价值链环节的确认，都表示企业在某个生产或经营环节为创造价值所进行的各种活动的集合。

3. 价值链内部活动及各环节之间相互联系的分析

虽然价值活动是构成竞争优势的基石，但价值链并不是一些独立活动的集合，而是由相互依存的活动构成的一个系统。在这个系统中各个价值活动之间存在着内部联系，这种联系通常可以用一种活动和成本量的改变来影响另外一种活动和成本量的改变。

4. 价值链的"价值—成本"分析

价值链的"价值—成本"分析是价值链分析的关键。从本质上讲，企业价值链的增值能力分析实际上是关于企业作业链有效性的分析，根据"生产耗费作业，作业耗费资源"的基本原理，企业要对作业链的各构成环节的价值增值能力进行仔细研究分析，了解每一环节各项经营活动的价值与成本，消除或减少非增值作业，提高增值作业的效率并降低其消耗和占用。应该说明的是对于价值链的分析不能仅限于某项作业，而应从总体上来分析，如某项作业的资源耗费上升，但其能使其他作业的耗费大幅度下降，从汇总的整体作业价值与成本分析来看该项作业可能对企业是有利的。

四、价值链分析：战略成本管理

战略成本管理理论的思想精髓概括起来有三点：成本效益思想、成本外延思想和成本回避思想。

价值链分析为企业成本分析提供了一种基本工具，符合战略成本管理思想，扩大了对成本的理解范围，有利于更有效地控制成本，提高企业竞争优势，成为战略成本管理系统的重要组成部分。战略成本管理价值链分析的基本框架包括：纵向价值链分析、横向价值链分析和内部价值链分析。

在进行成本管理时，首先站在战略的高度，从价值链内容的分析出发，确定行业价值链、企业内部价值链以及关键作业，分析成本动因，建立可持续的竞争战略，然后在价值链分析的基础上运用作业成本法、辅助价值链分析进行各个市场一级的战略分析。两者之间信息相互反馈，从而实现企业持续竞争优势的形成。

五、价值链优化：战略实施

根据波特的价值链理论，企业的所有活动都是围绕创造价值的最大化为目标展开的。每项价值活动根据其在企业生产经营活动中的不同位置被划分到一个个生产环节中，企业所有的生产环节共同构成企业的价值链，因此，价值链包括企业内部生产经营活动的整个过程。波特同时指出，并非企业的每个环节都在创造价值。企业的主要价值创造，实际来自企业价值链上某些特定的价值活动。这些真正创造价值的经济活动，被称为企业价值链上的战略环节。因此，重视企业价值链战略环节上的资源优化配置，对企业创造价值最大化和获得竞争优势具有重要意义。

价值链分析在战略成本管理中的应用途径包括两个方面：优化企业内部价值链活动以及通过建立战略联盟重构企业间价值链。

优化企业内部价值链活动指的是在价值活动分解的基础上，消除不增值作业，调整、改进增值作业，以达到缩减整个内部价值链成本、提高收益的目的。

不同企业在各自价值链上拥有不同的核心专长，有些活动是企业的优势所在，有些是企业的薄弱环节，企业既可以通过优化与协调内部活动获得竞争优势，也可以通过与其他企业建立战略联盟来获得竞争优势。所谓战略联盟就是企业纵向上下游之间或横向竞争对手之间相互合作、共享价值链的某些环节，以降低成本，增强彼此的竞争优势。通过联盟每个企业都能增强自身的竞争力，每一个成员都能从中受益，战略联盟是一种增值、双赢的伙伴关系。

价值链优化是指利用价值链各环节内部以及各环节之间存在的联系，改变企业某些活动的安排，以达到降低产品或服务的成本，最大程度实现企业价值增值和满足客户要求的目的。企业价值链优化过程实际上是对企业战略环节重新定位的过程，构造一种有别于竞争对手的新的营利模式，使企业拥有独特的竞争优势，应对市场上的竞争力量。企业优化价值链的前提是，通过企业内、外部资源的整合，构成企业的比较优势或核心能力。这种能力使企业的各项活动直接以价值创造为导向，对企业资源进行组织、运用、协调和控制，从而形成企业整个业务流程。实践表明，越来越多的企业开始重视流程，以期取得经济效益的进一步提高。

六、价值链评价：战略反馈

企业战略确定了企业所选择从事的经营活动，以及在这些活动中的竞争策略，由此决定了企业价值创造的模式和价值创造潜力。基于价值链理论进行企业战略定位，识别价值活动，确定价值链，按照价值创造最大化的原则，对业务单元的价值链进行精炼，对公司战略进行优化，保证战略的实施。至此企业战略的执行并没有结束，战略反馈企业是战略管理不容忽视的重要环节。评估企业价值增值，进行战略反馈，针对外部环境的变化对自身战略的审计和纠偏，对在战略执行过程中的不足、失误与不合理的内容及时地反馈、发现与调整，使企业更清楚自己的核心竞争力和价值增值点。因此，战略反馈作为战略管理的一个环节，意义重大。

战略反馈的重要方式之一是价值链评价。在价值链理论的指导下，企业进行价值链分析和价值链优化后，用价值链评价来反映企业采用价值链优化方法产生的效果。

第三节 价值增长

一、公司必须增长

在经历多年的重建、流程再造和削减规模以后，公司现在更强调价值增长。之所以这样做是因为公司受到了来自三个方面的压力：股东、竞争对手和雇员。首先股东们要求价值能够增长，这与公司增长有着密切的联系，因为借助成本削减方式创造价值的明显局限性使得采取收入增长方式实现这一目标变得更加必要。其次就是来自竞争对手的压力，尤其是在银行、制药、汽车、保卫、航空和个人计算机等正在发生着大量合并的行业中。在这种情况下如果能够获得技术开发、运作、生产能力利用、营销、分销和网络外部型方面的规模经济，则增长就是非常必要的。那些不能像竞争对手一样迅速扩张的公司将会丧失竞争优势，陷入一种螺旋下降的状况中。因此唯一的选择就是扩张，否则企业就会进入一种最终导致自己被遗忘的恶性循环中。雇员也是一种重要的影响力量。在一家扩张的公司中就职的雇员在获得职位提升、财务奖励、工作安全和工作满意方面有更大机会。

二、企业如何实现向价值增长型转变

（一）实现价值增长型企业向价值持续增长型企业转化

这类企业应在已实现价值增长的平台上，进一步做好以下工作。

①塑造积极的企业文化，培植企业健全的利润心理。

②战略目标与实现途径的联动并进，持续地开发潜力，不断开拓企业价值空间，把企业价值链发展为价值型和价值流。

③资源动态组合，实现业务、流程的动态分析，使企业成为学习型组织。

④组织结构调整，在信息实时反映并实现信息集成的基础上，建立相应控制体系，使企业组织充满活力，实现"物流、资金流、任务流、人员作业、票据流和信息流"地有机整合。

⑤正确锁定企业客户群，就等于找到并保护了企业的生命之源。充分利用企业资源，用财务杠杆平衡客户资本，以客户价值为经营核心，营造一个有利于企业价值持续增长的商务生态环境。

（二）利润追求型企业向价值增长型企业转化

利润追求型企业的最大不足是出现短期利润陷阱，即行为短期化。其行为特征如下：

①注重提高效率、削减成本、创造高利润，不关注销售收入。

②反对研发，不愿为企业长期发展作出牺牲。

③企业产品拥有较高知名度。

④企业文化充斥着畏缩不前、一股劲削减成本的倾向，其结果必然使长期发展后劲严重不足。

（三）单纯规模增长型企业向价值增长型企业转化

单纯规模增长型企业容易产生收入幻觉，追求市场规模扩大，陷于片面的市场占有份额指标而不能自拔。其行为特征如下：

①因有好的产品和技术，不注意对客户的投入。

②有强有力的领导结构，决策随意性大，缺乏清晰的战略思路。

③企业文化深受公司领导人影响，企业成功往往取决于领导人的素质。但收入增加并不意味着利润的增长，片面追求收入规模扩大化会使企业陷入高效率低效益的困境。

为此，这类企业必须做好以下工作以实现向价值增长型企业转化。

密切与所有者关系：与投资者之间形成紧密的利益关系，并增强命运认同感。

战略规划：调整投资组合，实现经营重组，消除无利润区，重新认识企业核心能力，着力加强核心业务。

组织结构设计：完善价值衡量体系与激励制度，努力开发各种潜力，提高效益。

(四) 增长不稳定型企业向价值增长型企业转化

增长不稳定型企业转变为价值增长型企业的难度比较大，需要从滞后发展中寻求突破，应着重围绕以下环节做好工作：

①增长远景：建立以营利性增长为中心的、清晰的、定量的远景。

②战略规划：设定清晰的、重新以核心业务为发展方向的战略目标，避免战略的频繁变化，根据增长和利润来优化业务组合。

③资源情况：根据发展的需要，重新调整资源配置流程及系统，重新设计价值链。

④领导模式：打造一支积极进取、致力于公司增长的领导团队，大胆起用一批新人，利用新人的进取心来推动企业增长。

三、价值创造型增长

公司增长的最大制约因素来自其本身的战略，其中公司结构是最关键的瓶颈。增长与利润不同的是，没有一套被一致认可的会计方法可用来衡量增长。利润表将收入细分为各项收益，但报表并没有指出是什么产生了营业额。当把利润和增长联合起来考察时，公司的目标是同时追求营利与增长，实现这一点的关键在于"平衡"两个字。当公司找到了利润与增长作为战略联合目标的平衡点后，他们就达到了所谓的价值型增长。价值型增长一方面关注企业利润情况，另一方面通过增长将竞争者甩在后面。价值创造型企业带来的是长期股东价值的可持续最大化。

按照公司发掘和追求增长机会的方式，可将公司分成四类。

第一类是利润追求型，这类公司将注意力集中在如何将同样的事情做得更好，它们通过严格的成本控制来确保利润最大化。

第二类是单纯增长型，这类公司追求营业额的增长，或者说"多就是好"。

第三类是增长滞后型，这类公司可能会得到小额利润，但它们永远不能保持"更多"或"更好"的状况，因为它们既没有增长机会，也缺乏好的内部管理。

第四类是价值创造型，这类公司有能力在增长战略和营利结果之间维持一种最优平衡关系，它们将"更多"与"更好"结合起来，创造了突出的股东价值。

四、价值增长的规律

(一) 重心

增长矩阵中可以用点表示公司的缩影，它代表的不仅是公司增长历史和股价的表现，也标志着公司在一段时间里的重心。公司对增长的承诺和对于这个承诺的成功执行都汇总于这一点，通过各自不同的战略选择，公司将其名字与增长矩阵的区域对应起来。重心的运动解释了一个增长法则规律：增长不是线性的，而是以螺旋方式移动。随着时间的推移，一个企业的重心甚至从一个区域向另一个区域迁移。在螺旋路径顶部，价值创造者在全速前进。当重心从价值创造型区域移动到追求利润型或单纯增长型区域时，公司的增长就会减缓或暂时陷入不利情况。

企业的重心决定于它相对于竞争对手的收益增长和股东价值绩效的情况。价值创造型企业的价值增长规律是螺旋式上升，优秀的公司在下降阶段清查存货、重组资源，然后螺旋式回升阶段再次创造出不俗的业绩。返回最成功的通常是单纯增长型企业，而最不成功的通常是追求利润型企业。

（二）平衡

平衡是关键因素，增长战略和利润战略不是互相排斥，而是互相加强。营业收入增长和营利能力必须是公司战略性共同目标。在营业收入增长和营利能力之间获得平衡的公司有最好的机会获取并维持价值创造型增长。过长时间地过分强调任何一个方面都将妨碍公司股东价值的增长。同时增长是自我诱导型的，外部环境虽然很重要但并不是决定因素。

（三）增长的驱动因素

企业的内部增长的工具共有三种：增长决心、交流与沟通和可行的业务模式。每一种增长工具各有四大驱动力，在这几种增长工具中的各个驱动力代表着硬性因素和软性因素组合。价值创造型企业关注增长工具中的全部驱动力，而不是过分强调或过分抵制某一个。追求利润型企业和单纯增长型企业在一个或多个领域暴露了它们的不平衡性，或者是因为它们忽视了某些机会，或者是因为过度地集中在这些机会上。滞后型企业则在几个领域里显示出弱点或不平衡性。

五、可持续增长

增长及对其管理是财务计划中的特殊难题，一方面快速的增长会使一个公司的资源变得相当紧张，因此除非管理层意识到这一结果并且采取积极的措施加以控制，否则快速增长可能导致破产。另一方面增长太慢的公司可能面临着被收购的危险。因此需要考虑公司的可持续增长。可持续增长率是指在不需要耗尽财务资源的情况下，公司销售所能增长的最大比率。由此可得出一个重要的结论：增长不是一件非要达到最大化不可的事情，就很多公司而言，限制增长以便在财务上养精蓄锐是必要的。

第三章 现金流量管理

第一节 现金流量相关知识

流量几乎是与生产经营活动同步实现的，而生产经营活动一般是由分散在多部门、层次甚至是不同地点的企业员工分别进行的，具有分散性特点，因此现金流量的分布也必然是分散的。现金流量的组织必须与企业组织结构相适应。企业应把现金流量按其生成、流出的方向，确定相应的业务、管理及控制岗位，以使现金流量的组织具有严密的内部控制制度，为此应赋予各现金流量业务管理、控制岗位以相应的职权，保障其充分有效地履行职责。同时规定，任何一项现金收支业务的办理必须履行申请、审批、记录、支付、检查等必要手续才能完成，以确保现金收支的合法合理。总之现金流程决定现金流量的安全性。

一、流向

现金流量的流向表示企业现金流量的趋势。总的来看，现金流向分为流入量与流出量两方面。流入表明企业现金流入量的主要来源，可以对企业竞争能力的构成及未来走向做出大致判断。流出表明现金支付的主要用途，可以综合反映企业经营战略及未来创造价值的能力。现金流向主要解决现金流量中的平衡问题，主要包括流入与流出数量、时间及币种三个方面的全面平衡。对一个特定企业而言，现金流向会存在一个相对恰当的标准结构，这种标准结构是现金流量管理非常有用的工具，成为调控企业现金流向的有效手段。

二、流速

对某一具体的现金业务而言，流速是指从支付现金到收回现金所需时间的长短，对整个企业而言，流速是指资本投入回收的速度。在实际工作中，衡量流速一般采用周转率指标，从而产生了全部资产周转率、流动资产周转率、应收账款周转率、存货周转率等具有不同功用的多类周转率指标。从国际趋势看，应由开始全面关注这些周转率指标，逐步锁定为重点关注"应收账款"与"存货"两个周转率指标。存货与应收账款的周转速度，综合反映了企业经营效率和流动资产质量，对企业未来发展具有决定性影响。

考察评价企业的现金流量，必须全面客观深入地分析其现金流量的四个基本要素后，才能得出较为恰当的结论并实施行之有效的管理。

三、影响现金周转的因素

（一）企业营利状况

利润是企业的一项重要资金来源，也是企业借款得以按时偿还的根本保证。营利企业若是不在积极扩充时，会有现金不断积累的趋势，财务管理人员的责任是为这些多余的现金寻找出路。企业可能会决定增加股利的支付，偿还借款，投资购买有价证券或兼并企业。这些现象在一些成熟行业是屡见不鲜的。

但企业若是处于亏损状态时，财务管理人员的日子就不会好过了。如果企业所处行业是资本密集度高的行业，如航空业、铁路业等，企业虽然亏损，但短期内其现金余额不会衰减，因为这些企业有着特别多的折旧和摊销费用，这构成现金来源。但若企业长期不能扭亏为盈，终有一天会面临固定资产得重置却无足够资金的困境。这种情况的不断延续最终将只会使企业破产。对那些不能以高于补偿现金支付的费用的价格出售其商品的亏损企业，其命运将更为悲惨。它们的财务管理人员会发现无法筹集到足够资金来维持企业生存，因为可能的贷款人看不出企业如何能从经营中取得现金来偿还它们的贷款，而企业主也不愿冒风险投入更多资金。

（二）企业的流动资产、流动负债变化情况

企业有的时候营利很多，但仍能出现现金困难。原因之一就是把营利变成了流动资产，如增加存货、增加应收款等，也可能是由于把营利用来减少流动负债等。要注意，流动资产的增加或流动负债的减少都占用现金，流动资产的减少和流动负债的增加都会使现金增多。

（三）企业扩充速度

即使对营利较好的企业，如果企业扩充速度过快，也会出现企业现金周转困难的情况。随着企业经营规模的迅速扩大，不仅企业的存货、应收账款、销售费用增加，而且还伴随着固定资产扩大。这往往是大宗现金开支。这些都激化了企业扩充阶段的现金矛盾，并加重了财务管理人员的负担。他们不仅要继续维持企业目前经营收支的平衡，同时还需筹集资金满足项目扩充需要，并努力使这种需要控制在曾预计的生产销售水平下可获得的现金范围内。

对迅速扩充企业，财务管理人员可能会要求股东增资，建议减少股利支付，增加长期贷款，力图削减存货水平，加速应收账款回收等。

（四）企业经营的季节性波动

这种波动可能是销售的季节性波动或原材料采购的季节性波动。企业销售呈季节性波动时，在销售淡季，因销货少，相应存货和应收款也减少，企业的现金周转水平下降，在销售旺季，因为存货和应收款的快速增长，企业可能出现现金不足，但随着货款的回收，在旺季过后又会积累过剩现金。

四、现金流量计算方法

现金流量的计算有两种方法，即直接法和间接法。直接法提供的现金流量表直接按照经营活动、投资活动和筹资活动以及每类活动的具体业务类型反映现金的流入、流出和净流量。间接法以利润表上的净利润为起点，通过调整某些相关项目后得出经营产品的现金流量。

五、加强现金流量应用的手段

(一) 完善现金流量表并提升数据准确性与相关性

首先，要努力完善现金流量表及相关附表，管理层提供有效的资金管理相关信息。企业财务管理人员在编制现金流量表之前，需要清楚该表中的数据并非独立产生，其中的多项数据都与利润表、资产负债表中的内容高度重合，三种表格为相互辅助的关系。也就是说，在编制现金流量表时，要兼顾其他财务报表，进行相互印证与稽核，提升现金流量表数据的准确性。

其次，企业要不断提升财务人员水平，根据当前财政、税务机关的要求，积极落实编制现金流量表的规定。财务人员要明白三张主表的相互监督、内容互补性，这样才能客观、真实地反映出企业的资金运转和经营情况。

(二) 强化现金流量分析处理能力

首先，分析现金流量表要兼顾其他财务资料。在现金流量表分析时，要注意结合其他财务资料进行完整分析。财务人员在日常财务管理工作和现金流量预测及管控工作中，要想全方位展现出企业当前的财务具体情况，以及企业的真实经营成果，应当同时结合企业利润表、资产负债表中的数据进行归纳整理，以便集中各方面数据信息完成科学的现金流量分析，确保企业决策层所获得的财务信息和经营信息的全面性，帮助决策层尽快判断出最佳资金运营管理方案。

其次，强调企业现金流量分析的动态性，为现金流量控制打下良好的基础。在现金流入、现金流出的预测和控制中，财务人员需要充分结合各项活动开展的主、客观影响因素，以保证现金流量指标的科学性和合理性。财务人员在进行现金流量预测时，还需结合企业战略发展目标，预测并分析企业在未来一段时间内的发展趋势，从而为企业资金的使用和筹集做好准备工作，保证企业经营过程中需要资金时，能够以当下企业可承受的成本筹集到充足的现金，这样既能降低企业筹资成本，提高企业的现金使用率，还能提高企业抵御财务风险的能力。

最后，要强调现金流量预测、控制与现金流量预算同等重要。现金预算是企业财务管理的一项重要工作，是现金流量预测、控制的基础。一是需要管理层的高度重视。每个企业在不同发展时期都会面临融资困难、资金紧张等问题，面对此形势企业决策层和管理层需要充分认识到实施高效现金流量预测及管控的重要性。只有从企业战略目标发展角度，对企业现金流量的各项预测及管控活动进行全方位、客观审视，才能够对现金的预测和控制采取正确的行动。二是企业需要建立完善的现金流量考核考评机制，将现金流量预测及管控合理纳入企业管理层绩效考核标准体系中，实行业绩挂钩和管理责任制，设置专门针对现金流量的专项考核考评指标，进而加强各职能部门管理层对现金流量预测及管控的重视程度，帮助企业获取不同发展时期的真实价值评价，从而提高对潜在财务风险的识别能力，科学抵御并化解风险，为企业决策层提供坚实有力的数据信息支撑，帮助决策层做出最佳发展方案。

第二节　现金流量管理概述

一、现金流量管理综述

现金流量管理的重要性不只是体现在公司营运这个层面，更应被提到战略高度。无论是从企业的当期营运价值来看，还是从企业的未来成长价值来看，现金流量管理都会产生决定性影响。

（一）现金流量管理的目标

现金很重要，但使现金均衡有效地流动更为重要。实现现金流量的均衡性和有效性是企业现金流量管理的核心目标。均衡有效的现金流是指，现金的流入和流出必须在金额和时间节点上保持适当的配合。当企业必须发生现金流出时，一定要有足够的现金流入与之配合，当企业产生现金流入时，除了维持日常所需外，剩余资金必须找到有利的投资机会。

现金流量管理的具体目标：①经营活动产生的现金流量应有盈余；②不能过度投资于营运资金；③盈余现金应进行投资；④长期投资及融资计划应与企业经营性现金流的创造能力相适应。

（二）现金流量管理模式的选择

企业因规模、管理结构、地域范围以及企业与供应商关系的不同而采用不同的现金流量管理模式。

1. 拨付备用金的管理模式

企业发展到一定规模，为了减轻财务人员的工作量，同时提高整个企业财务活动的效率，可以采用拨付备用金的管理模式，即向企业下属部门或公司拨付一定金额的备用金，以增加经营的灵活性。在这种模式下，企业财务部门相当于报销中心，工作量依然很大。

2. 统收统支管理模式

中小企业因为经营权和所有权高度集中，现金流量管理模式也为集权模式，即统收统支现金流量管理模式。在这种管理模式下，所有现金流入、流出业务都要通过企业的财务部门，财务总监的工作量极大，只能关注算账和报账工作，根本无法从日常事务中解脱出来，更不能对现金流量进行预测和控制。

3. 现金池管理模式

进入 21 世纪以来，随着全球经济一体化进程的加快，电子化手段不断被应用，并且随着一些企业集团内外部财务集成的实现，财务共享成为可能，现金池这种现金流量管理模式被一些大型企业集团应用。

现金池管理模式是指集团总部与商业银行签订协议，以公司总部的名义设立集团现金池账户。每个工作日内，各子公司根据内部管理制度进行正常的收、付款，每日终了，如果各子公司账户有现金盈余，所有现金盈余将划拨到集团现金池账户，如果某一家子公司账户出现透支，集团现金池账户将转入现金补平。如果集团现金池账户也出现赤字，那么企业集团将集中向银行借款；如果集团现金池账户有盈余现金，企业可将其用于投资。现金池管理模式简化了集团的现金管理，使集团做到现金集中管理，也使得集团内部各子公司之间能够互相融通资金，最大限度地满足集团内部各公司的资金需求，同时也降低了融资费用。

在考虑现金池管理模式时，企业集团的财务总监还要注意两个问题。其一，集团内部各子公司所有的参与者都必须在同一家银行开设账户，企业所选银行的机构网点、银行服务特色应能与企业现金管理的需求相适应，签约银行应能够为企业量身定制现金池架构。随时随地为企业提供个性化现金管理服务。其二，建立外币现金池，首先要获得国家外汇管理局的批准。

(三) 现金流量自动化管理

大型企业，特别是企业集团更需要有效的现金流量自动化管理系统。现金管理自动化系统会根据使用目的和设计不同而变化。其中一些自动化系统在企业内部建立，而另一些则由银行向其客户提供。

1. 企业可以在内部建立自动现金管理系统，以提高现金管理的速度和灵活性

企业可以使用一个与企业分类账直接连接的在线支付系统，开具支票或银行转账支付的要求可以从一个遥远的终端输入到中央计算机。每个要求都应被确认以便确保该交易由已获得授权的人员办理且支付手续完整。之后相关的经理人员会对付款进行在线授权，由系统自动打印支票，或发送银行转账指令。

2. 电子银行系统的优点

电子银行系统的优点源自它的速度和信息的有效性，并且以更低的成本获得更高的准确性，同时银行提供专业理财服务，可以帮助企业对现金进行更好的决策和控制，电子银行系统所花费的成本应小于该系统带来的收益。除偶然情况外，对于那些现金流量均能够较好地预测的企业来说，余额信息与当日交易信息可以在每天较早的时间通过电话从银行处取得。这是获取全部所需信息的一种成本较低的方法。

3. 自助银行服务系统

银行向大中型企业提供自助银行服务系统，可以使企业财务人员通过自己办公室的个人电脑终端进入电算化信息系统以及银行的支付系统。各银行系统的特色会有所不同，并且所提供的服务可以根据企业的需求与规模定制。电子银行系统主要提供余额报告与交易报告、资金划转、决策支持等服务。

二、现金流量管理细述

(一) 现金流量预测

1. 现金流量预测的种类

所有的企业都应该对未来的现金状况进行预测。预测必须有目的性，并且预测所提供的信息也必须有使用价值。根据环境的不同，现金预算的目的也各不相同。如果预测为赤字，企业可以据此做出筹资安排。如果预测为盈余，企业可以对如何应用盈余现金做出计划。

（1）现金赤字的预测

现金预算的重要性在于保证企业在需要的时候，以可接受的成本筹集到足够的现金。现金预算也可以通过估计以下几个方面的因素，对所存在的流动性问题做出早期预测，即需要多少现金、什么时候需要、需要多长时间，以及是否可以从期望的来源获得现金。现金流量的时间与它的数量一样重要，因为这是企业决定何时安排筹资、安排多长期限筹资的依据。

①企业必须为预测到的现金赤字进行筹资。如果企业不能够弥补现金赤字，包括不能重新安排已到期的债务，那么它就面临破产的危险。现金预算可使管理层有时间与银行协商筹资计划。如果企业已经事先做好了计划，那么就可以在需要借款时比较从容地做出决策，甚至还可能获得一个较低的利率。如果企业是为了避免现金危机而匆忙采取应急措施，此时，企业的信用等级可能已经急剧降低，信用风险提高，要想获

得额外的资金非常困难。有的情况下，银行会对资金使用进行限制并提高利率，甚至出现任何的利率水平都无法筹到资金的情况。

②因为现金预测将对筹资决策产生影响，预测应该尽可能地准确，但是要使预测完全准确也极为困难，因而一个企业应该拥有自己的或有资金筹资渠道。对非银行企业来说，用于满足或有资金需求的渠道可以是盈余现金余额、短期投资或银行信用额度。由于不同企业的现金循环周期不同，现金流量规划所使用的方法不同，每个企业所需的或有资金的额度也各不相同。

（2）现金盈余的预测

如果预测有现金盈余，并知道盈余的数额和持续时间，将有助于现金盈余做出最佳投资决策，规划合理的资金使用组合，并及时地把握各种有利的投资机会。如果企业能够准确地预测未来现金净流入，并合理地规划这些现金流量的使用、预测相应的收益，当把这些信息提供给证券市场上的分析师和投资者时，将对公司股票的市场反应起到积极作用。

2. 编制现金流量预算的基本要素

管理层必须为现金预算的编制建立一个组织结构和方针。虽然制订各种类型预算的方针在一定程度上各不相同，但应考虑的基本要素如下：

（1）预算的密度

现金预算的密度包括三个方面的内容。

①时间跨度，指预算能涵盖多长时间。

②间隔时间，指多长时间编制一次现金预算，可以是日现金预算、周现金预算、月现金预算、季度现金预算、年度现金预算。通常预算的时间跨度越长，预算的时间间隔就越长。

③预算的空间范围。当企业的经营业务领域在两个以上不同的国家投资时，可以分别编制一个经营单位的现金预算、集团的合并现金预

算，或一个币种的现金预算等。企业之间现金预算的密度不同，它取决于管理层认为需要什么样的信息。影响因素可以是企业规模大小、地理范围、经营币种的数量、现金管理集权的程度以及现金流量的大小和规划周期等。

（2）准确性与假设条件

在现金预算中总存在一些收入或支出的要素要比其他要素更易被预测，这些要素根据企业的情况不同而各不相同。然而即使是收入与支出中的可预测项目通常也不可能被完全准确地预计出来，因此任何预测都必须能明确预测编制所依据的基础。这样当现金预算与实际现金流量存在差距时，企业就可以更容易地找到原因。实际现金流量总是不可避免地与预算存在差距，管理层应该可以确认什么时候实际现金流量与预算产生了差距，产生差距的原因，以及需要采取什么样的措施来保证企业的流动性。企业为保证预算的准确性、相关性与及时性，应该对预算进行修订。

（3）现金预算模式

企业常见的做法是以电算化模式编制现金预算。对一个大型企业来说，已选定的软件应是整个财务系统软件包的一部分，这样能够取得共享的信息基础。而小型企业通常仅建立一个电子表格模型。显然前者在灵活性、可选假设的验证、实际现金流量与预算的差异比较与分析，以及修订现金预算或编制新的滚动预算等方面，具有更多的优势，但是后者对小型企业而言可能更经济实用。当然对电算化模式和手工模式来说，现金预算的原则都是相同的。

3. 现金流量预测的方法

现金流量预测可分为三大类：以资产负债表为基础的预测、以利润为基础的预测，以及以现金流量为基础的预测。

（1）以资产负债表为基础的预测更适合作为战略预算

在为资产负债表的其他项目做出预算之后，现金盈余或赤字就是它们的余额。战略现金预算涵盖一个较长的时期，但是战略经营规划仍然应以量化方式而不是定性化的方式来编制，从而描述企业或集团在采纳了特定的战略之后，其未来资产负债表的表现形式。战略规则应考虑为实现特定的战略所需资金数额、所需资金的来源、战略对流动性和资本结构的潜在影响。此外，它还可以被用来检验以现金流量为基础的预测可行性。将资产负债表预测中的估计因素考虑进去后，预测资产负债表应与现金预算中的净现金变动大体相等。也就是说，现金流量的预算应当符合战略规划的基本要求。

基于资产负债表的预测有以下几点局限性。第一，由于必要假设的相关范围有限并且预测的时期过长，它们的精确性受到限制，通常它们只能粗略地估计出未来的筹资需求和现金盈余。第二，与基于现金流量的预算不同，它不能用于操作和控制。第三，跨国集团很难编制这种预测。集团的资产负债表可以根据各个分部的资产负债表来编制，但当涉及若干个国家的货币时编制集团的资产负债表就很困难，因为分部和总部所使用的记账货币之间的汇率不能确定。对集团中不同国家的分部或子公司之间现金划转的预测也存在困难。如果预计有盈余现金的分部或子公司不愿把盈余现金转入总部以帮助集团的其他分部，那资金缺口可能就会比预期的大。

（2）以利润为基础的预测也很适合1～2年期的战略规划

用年度利润的估计数，估算预算期内现金流量变化的大概情况。在这种方法下，现金预测以息税前利润预测为基础，将经营利润预测转化为付现支出预测。据此企业管理层可以大略地估计出未来现金流量是否能满足今后需要。

（3）以现金流量为基础的预测

以现金流量为基础的预测指对预测所覆盖的每个时期的现金流入、流出、净现金流量以及现金余额变动的数额和期间做出预测。以现金流量为基础的预测包括涵盖一年或更短时期的现金预算和仅涵盖几天的短期预测。

以现金流量为基础的现金预算说明了预算期内的现金流入与流出情况。现金流入可以来自现金销售、应收账款的回款、固定资产的处置、新股或债券的发行以及外部投资的股息和利息的收取。现金流出可能是为了购买股票、支付工资或其他费用、资本性支出以及支付利息、股息和税款。编制时应当考虑到并非所有的支出都是损益账户项目，如购置固定资产或支付税款。现金流入与流出和销售收入与成本也并不相等，因为损益账户中的一些成本不是现金支出项目，而是会计惯例中规定的成本，如处理固定资产的收益和损失、固定资产折旧。同时，现金流入与流出的时间与损益账户中相关收入和成本入账的时间并不一致。为编制现金预算，应逐个考虑现金流入与流出的项目、并为每一个项目编制现金预算。由此可见，以现金流量为基础的预测更适合对具体经济业务类型进行分析和控制。

4. 现金流量预测用于管理控制

因为现金是很关键的资源，为实现现金流量管理，现金目标也是业绩目标的一个部分。这个现金目标是企业整体现金预算的结果，用于明确经理们所负责的领域应该怎样增加现金流量，并通过实际现金流量与预测值的差异，分析目标是否能被实现。实现现金目标的责任应该交给处于控制现金流量最佳位置的经理。现金目标的一个好处就是所有负责实现现金目标的分部经理与总部经理同样会更多地意识到现金及其管理的重要性。作为现金管理的一部分，所有经理都应该完全理解现金流量与流动性之间的联系以及企业对流动性的需要。有人甚至认为，企业应该将现金流量业绩作为年度红利计划的基础，并应该根据经理为企业所带来的或节约的现金来发放红利。

现金目标必须是可计量的，这样实际完成情况才能与目标进行比较。通常为各经营部门或分部设定以下现金目标。

（1）每期的净现金流量

现金流量目标既强调要求管理层控制流动性，也强调要求创造利润。对分部或子公司来说，净现金流量的目标在很大程度上与利润目标是相同的。造成现金流量与收益不同的原因包括：资本性支出、计入损益却不是现金支付项目的折旧、营运资金中的额外现金支出。通常，业务的持续获利能力依赖于持续的资金投入，如果仅强调利润指标，可能对持续发展能力造成不利的影响。此时企业可以通过设定包含对资本性支出和营运资金进行控制的现金目标来提醒管理层注意，目标中既包括对资本性支出的控制责任，也包括对营运资金的控制责任。

（2）月末的现金余额

企业应该逐月建立净现金流量目标，或者是为截至每个预测期末的现金余额设定目标，如截至每月末。这种方法提供了年度内的累积目标，通过这种方法，各月间的波动、预算与实际现金流量之间的差异有望在一年的进程中得到平衡。

（3）向总部转入资金的目标

在一个大集团中，包括跨国公司，很大部分的现金管理可以授权给子公司，并且通常同时订立向总部转入资金的目标，即一定的期间内或在一定日期前须将目标数额的资金转入总部。在每一个子公司中，管理层负有确保目标得以实现的责任，实现目标的手段要符合企业的限制条件。

（4）平均盈余资金或未使用的贷款余额

盈余资金或未使用贷款余额的目标属于流动性目标。它们有别于每月净现金流量目标或月末现金余额目标，因为它们还涉及企业的筹资水平。这些目标更适合于负责筹集额外资金或投资盈余现金的管理。

（5）利息费用目标

对于过度借款企业的分公司来说，设定最高利息费用目标非常有用。例如，可以将目标设定为利息费用不能超过贷款总额的一定比例。如果企业利用外币贷款来进行国内投资，那么币种间的汇率波动所带来的任何利得或损失都应该包括在内。

（6）浮游期目标

企业收到客户付款与该笔款项实际进入企业银行账户之间的时间差

为浮游期。企业应该为此设定目标。在大多数情况下，这一目标被用作应收账款部门的业绩目标。

（二）现金流量分析

不同的信息使用者进行现金流量分析的目的不同。外部人对企业的评价机制将对内部行为起到导向作用，因此那些受到外部人关注和分析的指标，也将成为内部人关注和着力改善的目标。

1. 现金流量表中各项目分析

直接法提供的信息更加符合现金流量分析的需要，间接法提供的信息也需要还原成经营活动的各具体类型的现金流量信息才有助于现金流量分析。

（1）对筹资活动现金流量的分析

经营活动产生的净现金流量减去投资活动使用的净现金流量再减去现金余额的增加，决定了筹资活动产生的净现金流量。筹资活动产生的现金流量的构成仍具有很高的相关性。

①对于债务融资决策的分析，现金流量分析师通常希望判断公司在债务融资上的增长是否可取。

②债务融资的动因可能有多种。

③债务的构成也是现金流量分析应当关注的内容，包括长短期债务的组合情况、债务的利率、本息支付计划安排是否合理。

④对于权益融资，现金流量分析师应检查发行的权益是引起债务与权益比率脱离还是移向最优水平。

⑤大多数人都认为现金股利的支付是一个重要的信号机制。

当现金股利增加时，管理层暗示其预期未来现金流量较好，因此能发放较高水平的股利。当公司减少其现金股利时，市场把它解释为有关未来现金流量的不利信号，未来现金流量预计不能够负担现有水平的现金股利。

（2）对投资活动现金流量的分析

在投资活动现金流量项目下，公司披露在资本支出、公司收购、金融工具上的投资、对未合并子公司的投资等每项投资活动也可能有反向的投资活动。具体项目分析如下：

①现金流量分析师应调查研究公司在会计期间的资本支出以及固定资产的报废。

②公司在其未来的扩张上，除了通过资本支出实现内部扩张，还可以通过收购来投资于其他企业的现有业务。

③现金流量分析师应该检查对未合并子公司的追加投资、对联营企业的投资，以及对其他金融工具的投资，分析投资的理由，并评价这些投资的潜在未来现金流量后果。

④虽然现金流量表的编制准则已经逐步完善，但是报告要求仍然存在模糊的地方，这导致了实践中会有不同的处理方法。

⑤大多数情况下不仅要关注交易的现金部分，还要关注非现金部分和未来可能形成的现金部分。

（3）对经营活动现金流量的分析

①经营活动现金净流量。经营活动产生的净流量意味着公司能够从持续经营活动中产生的，或者需要花费的现金数。最理想的情况是，公司在每一期间，都能从经营活动中产生现金。现实中，许多财务状况良好的公司在大多数期间能从营业活动中产生现金。但在某一些特殊的时期，其经营活动现金也可能出现净流出的现象。为此，首先要考虑企业所处的生命周期。其次应当考虑企业生产和销售的季节性，最后就是生产长期合同产品的制造商，必须在生产初期投入资金进行机械改进以适应新产品的生产，并购进存货。

②经营活动现金流量构成。在这一分析过程中，应收账款、存货等对于流动性影响较大的项目应成为重点，因为它们将直接影响经营活动的现金流入、流出量和时间。同时应当区分可持续的项目和意外项目，这对预测未来的现金流量极为重要。具体分析如下：首先，实际现金流入主要来源于应收账款的现金收回，因此，企业收回应收账款的难易程度是其财务灵活性的重要决定因素；其次，如果发现现金净流量的减少

是因为支付给职工和供应商的现金大幅上升，已经超出了来自客户的现金流入增加的比例，那么现金流量分析师应查明公司是否处于不良的经营状态；再次，存货周转率降低也是引起现金净流量减少的重要因素，其原因可能是企业的产品不是客户所需要的，或者产品本身没有问题，而是销售方式出了问题，或者其生产成本可能远远高于同行业；最后，对关心预测未来现金流量的分析师来说，他可能还应该仔细检查其他经营现金流量是否在未来继续存在。

2. 基于现金流量的财务分析

企业进行现金流量管理的目标是获得最大的现金流量，并最有效地使用这些现金盈余，因此基于现金流量财务分析的目的是在现金管理过程中，寻找需要注意或者采取控制措施的经济活动领域，而不是简单地为了提供几个事后分析的数字。这些现金流量的分析能够体现企业的现金循环周期、流动性、偿债能力、再投资能力及收益能力等方面的情况。

（1）现金循环周期分析

①现金循环周期与现金流量管理的关系。现金循环周期反映经营活动现金流量的时间流程。现金循环周期将直接影响营运资金的占用，营运资金是指一个企业维持日常经营所需的资金。

与现金流量循环密切相关的概念是交易循环。交易循环是指从购买原材料到销售产成品之间的时间长度，现金循环是指从第一笔现金支出到最后的销售收入收取之间的时间长度，二者在时间上相互重叠。不同类型的企业都有其交易循环和现金循环的特点，制造企业以最简单清晰的方式展示了这一流程。由于交易循环各项目持续时间不同，现金循环的流程也随之产生变化。现金循环周期的变化会直接影响所需营运资金的数额。存货在使用或出售前库存时间的延长、生产周期的延长、客户付款时间的延长，以及向供应商付款时间的缩短都会导致现金循环周期的延长。

任何缩减现金循环周期的措施都可以在现金流量方面产生巨大利益。如果企业通过减少存货或增加对供应商的欠款等手段来缩短现金周转期，那么缩短后的现金周转期可能会无法持续或对经营产生不利影响，最终将因不得不重新延长现金周转期而丧失所有的现金流收益。

②现金循环周期的计算。现金循环周期的计算方法有抽样测试计算和比率计算两种。

抽样测试计算是一种很耗时的方法，但在计算应收账款与应付账款的周期时可以得出比较准确的信息。通过抽取应收账款的样本，可以得出平均收款期，这一收款期可以是针对所有客户的，也可以是针对不同类别的客户组的。同理，通过对供应商付款抽取样本进行测试，则可以得到从收款到发票到支付货款的平均周期。这些抽样可以根据供应商的特征分为不同的组。

比率计算是计算分析现金循环周期的一种更快捷的方法，通过对资产负债表和利润表进行比率分析得到，包括存货周转期、应收账款的平均回收期、应付账款的平均付款期。虽然计算的结果是一个近似值，但对于分析和控制经营活动的现金流量而言，其精确性已经足够了。

存货、应收账款、应付账款的平均余额可以由它们的期初和期末余额的平均值来估计，期初和期末余额则可以从资产负债表中得到。根据企业的类型和经营的季节性，一年中会存在季节性的波动。

基于现金循环周转期分析的经营活动管理。通过计算现金循环周转期，可以分析评价企业提供商品和劳务全过程的效率，从而形成有效的促动。为了合理地缩短现金循环周转期，就必须从整个交易循环中可能影响现金流转速度的因素着手，包括加强存货管理、加快供货速度、确定合理的信用政策和高效的信用审批程序、优化开单和收款过程、规范付款程序等。从这些方面获得的效率提高，代表着企业在经营活动过程中竞争能力的提高，而其对于企业经济效益的影响可通过对现金循环周转期的影响来计算和评价。

（2）现金流量结构分析

现金流量结构分析可以借助三张内部报表来完成，每张报表都有自己反映的侧重点。

①现金收支平衡表。现金收支平衡表用于将一定周期内的现金收支情况，按照收入、支出的类别进行分类和统计，目的在于调整资金缺口、把握资金周转情况。关于现金收支平衡表的样式，并没有明确的规定，只要符合公司自身的经营特点和战略发展计划即可。通过编制现金收支平衡表，可以一目了然地了解公司的资金平衡情况。该表侧重的是经常性项目的收支情况，可以用于分析应收账款的回收情况和应付账款的周转情况，还提醒分析人员注意存货的规模是否得到合理的规划和控制，而投资计划则必须根据现金收支情况慎重选择。

②资金运用表。资金运用表是将前期资产负债表和本期资产负债表进行对照，将各科目金额增减情况，从资金运用与资金筹集两个方面体现出来的一张定期资金流动情况的报表。现金收支平衡表能够直接表示出资金收支情况，却不能体现资金运用与资金筹集的基本资金结构。资金运用表能够反映企业近期的偿付能力。在对资金运用表进行分析时，首先应当着重考察那些长期资本项目的收支情况，因为这些长期资本项目的收支如果存在缺口，就意味着需要用营运资金进行补足，企业的资金营运就会非常困难。因此，分析时应当注意支付的税款和红利是否在纳税前本期利润范围内。同时也要分析销售债权和存货是否异常增加，短期贷款以及贴现票据等增减原因等。

③资金变动表。资金变动表利用前期期末与本期期末两期资产负债表，以及本期利润表编制。它可以弥补现金收支平衡表和资金运用表的缺点，显示资金的整体结构以及资金流动的整体情况，也将企业的利润表和现金流动结合起来，在分析时能够明确营利能力与实际取得现金之间的关系。同时也可以看出各项目的收支缺口，便于分析各项目的收支是否控制在合理的范围内。

（三）现金流缺口管理

1. 制定现金流缺口应对措施

（1）迅速找出原因

企业所处环境是千变万化的，各种各样的原因都会造成某一环节上的资金积压或者资金短缺。

①资本不足及盲目投资。随着社会的发展和市场竞争的日益激烈化，企业为了扩大规模、增强竞争力、占领市场等原因，会采取多方投资、新建项目、扩大经营等措施。在企业资本不足的情况下，这些做法必然导致企业短期资金紧张，急需大量资金投入。

②经营管理不善。一些企业在发展过程中只注重开拓外部市场，忽视了企业内部管理，造成企业内部库存商品粗放管理、赊销政策不当、费用无预算或执行不力对突发事件的资金准备等多种隐患，这些因素都将导致企业现实的和潜在的资金短缺。

③经营方式转变。很多企业在实现经营方式转变时，由于没有充足的资金来源或者投资额过大，造成固定投入不足，没有达到预期的经营目的，或者即使固定投入足够，但由于挤占了大量流动资金，造成周转困难，效益下降。

④忽视企业的发展周期。许多企业在创立初期和成长期，通常会出现"成长病"，即过分地扩大规模，从而导致企业力不从心，许多产品线无法经营好。由于公司层次的战略调整无法在短时间内完成，因此在一段时间内，公司会出现资金紧张的局面。

（2）分析企业现金状况

企业出现"现金荒"时，要对企业的现金使用和结存情况做出分析。采用数据分析法有助于问题的解决，数据分析法是通过针对具体的现金流量进行分析，准确地识别企业经营的核心营利点，然后对它进行量化。

①确定当前可利用的现金。估计可利用的现金，应当采取保守的方法，其中包括那些能够立即变现的有价证券和现金，通过对现金等流动资产以及固定资产的存量进行确认使企业做到心中有数、量力而行。

②确定资金的流向。企业为了能够有效地确定资金的流向，可采取"分类账分析法"，即先寻找所有记录现金流动的账户，并把它们按照现金支出的数额由大到小进行排列，然后，对现金的进出方式、进出的起

始点和参与人员进行审查，以查找与财务制度不符之处。

③成本收益趋势分析。根据企业所从事的不同业务领域来计算销售百分比，并分别进行成本趋势分析。这些趋势要具有很高的代表性，其中很多能够显示出相应成本发生变化的"拐点"。通过对不同业务的成本收益分析，除去不能营利的业务，为确定营利所需的财务计划的制定提供基础。

④设计新的财务制度。在明确了现金的来源及其流向之后，针对当前的财务状况及业务状况，设计新的财务标准，并对现金进行预算。例如，在降低成本方面，重新规定人员、材料和其他直接成本、制造费用以及销售费用等。在营运资金管理方面，包括对订单处理、账单编制、应收账款、应付账款、付款方式、存货处理和现金的管理等做出新规定，其目的是使资金迅速回笼，减少资金的流出，发挥资金的使用效率。

（3）实施脱困计划

分析出现"现金荒"状况产生的原因后，就要制订包含最坏情况的应急计划，计划的内容不仅包括新的财务预算及规定，更主要的是要把相关利益者都考虑进来，制订出与他们进行交涉、协商的计划。这里从交涉对象方面来阐述各个方案的执行及控制。

①与贷款人交涉。事实上，很多贷款人都不会采取极端措施，因为破产对于他们而言不是一个有吸引力的结果。所以，有必要对贷款人的实力、心理和态度进行必要的事前了解。首先，企业应在专家的帮助下，通过对问题的诊断分析，制定一个包括最好情况和最坏情况的脱困计划，用脱困计划向贷款方表明其有能力偿还贷款。其次，企业应为贷款人提供必要的抵押品或担保。

②与购销债权人交涉。首先，要了解对方的真实心理和砍价能力，并在此基础上，制订脱困方案。提供脱困计划是为让购销债权人明白，如果购销债权人允许企业继续经营，那么购销债权人将会获得比破产更为有利的结果。其次，交涉的主攻方向是主要的供应商，因为主要的供

应商已提供赊销的货物使得其遭受"套牢"的威胁更大，从而继续合作的可能性也更大。

③与债务人协商。陷于现金困难的企业可以考虑与债务人协商或交涉，如要求提前还款、催收货款，必要时可从债务人处获得充抵物进行抵押、变卖。总之，企业尽可能回笼资金，哪怕给予债务人一定的优惠条件，如折扣等。此外，与债务人积极对话，寻求共度危机的办法，可以争取债务人担保或者提供其他帮助。

④内部人员的协商。企业内部人员的协商涉及企业内部人员的利益分配问题。例如，减少工资，降低福利待遇等。企业通过与企业内部员工的协商，减少用于人员开销的资金或者解雇人员，这在困难时期常常能起到立竿见影的效果。另外，调动企业员工的资金也是一些企业内部协商经常使用的做法。例如，在员工内部进行集资。对小企业来说，内部集资常常是有效的，而对大企业来说，往往是杯水车薪，但是，它在一定程度上把个人利益与集体利益紧密地联系在一起，有利于发挥员工的能动性和工作的积极性。

⑤处理现有资产。当企业面临现金危机，而又不可能获取银行贷款时，唯一能够变现的就是现有资产。企业的资产可以用于抵押贷款、拍卖或直接充抵债务，流动债权可以用来贴现，存货可以用来贱卖。通常情况下，企业应当把握以下的原则：处理流动资产优先，而其中又以对非存货的处理优先考虑，除非企业不再经营此种产品，对存货的处理应当以原材料和半成品为先，接下来是资产的抵押贷款，最后是固定资产的拍卖和贱卖。

（4）制定外部筹资计划

解决企业资金短缺的办法可以归纳为两种：一是从外部筹资，从外部筹资要根据企业的自身条件选择不同的方式，主要有发行新股、发行债券、信贷筹资、抵押贷款等，二是从内部寻找所需要的资金，如加快存货的周转，加速收回应收账款，合理利用信用资金等。企业内部资金是有限的，并且需要较长周期才能集中起来，而企业发行股票和债券，一方面需要政府政策的许可，另一方面也需要较长时间才能融入资金。所以，在企业面临短期资金缺口的情况下，可以通过信贷、抵押、应收账款等进行短期筹资。企业在进行外部筹资时，要综合考虑筹资规模、筹资成本、筹资渠道、筹资期限、筹资时机、筹资风险和筹资政策等多种因素。

(5) 立即组建团队

企业要立即组建一个跨职能部门的危机处理团队，其任务是迅速诊断出原因，而后制定应急计划，并且监督、保障和协助计划的实施。危机处理团队人员应当是各部门的领导层中的成员，以便确保对各部门信息的完全掌握。这是应对企业出现现金流缺口的组织保证。

总之，企业在出现现金流缺口时，一方面要制定紧急应对措施，挖掘企业内外部资源，缓解资金压力。另一方面要积极拓展外部筹资渠道，保证企业有足够的现金流入，以满足现金支出的需要。

2. 预测短期筹资规模

企业出现现金流缺口时，需要筹集资金。而所需资金规模是筹集资金的数量依据，必须科学合理地加以预测。通过一定的预测方法，对企业所需资金科学估算，使企业既能满足资金支出的需要，又不至于融入冗余资金、增加筹资成本。

销售比率法是根据销售额与资产负债表和利润表有关项目之间的比例和敏感关系，预测各项目短期资金需要量的方法。销售比率法能为现金流管理提供短期预计的财务报表，以适应外部筹资的需要，且易于使用。其缺点是若有关销售百分比的假定与实际不符，据此进行预测就会得出错误的结果。因此，在有关因素的关系发生变动的情况下，必须相应地调整原有的销售百分比。

运用销售比率法，一般是借助于预计利润表和预计资产负债表。通过预计利润表预测企业留用利润这种内部资金来源的增加额。通过预计资产负债表预测企业资金需要总额和外部筹资的增加额。

①编制预计利润表，预测留用利润。预计利润表与实际利润表的内

容、格式相同。通过编制预计利润表，可预测留用利润这种内部筹资的数额，也可为编制预计资产负债表预测外部筹资数额提供依据。

②编制预计资产负债表，预测外部筹资额。预计资产负债表与实际资产负债表的内容、格式相同。通过编制预计资产负债表，可预测资产、负债和留用利润等有关项目的数额，进而预测企业需要外部筹资的数额。

运用销售比率法要选定与销售额有稳定比率关系的项目，这种项目称之为敏感项目。敏感资产项目通常包括现金、应收账款、存货、固定资产净值等项目，敏感负债项目通常包括应付账款、应付费用等项目。这里包括固定资产净值指标是假定折旧产生的现金既用于更新资产，同时其资金占用额与销售额有较密切的联系。

3. 运用商业信贷进行缺口管理

运用商业信贷融入资金是企业短期筹资的重要方式。商业信用产生于商品交换之中，由于延期付款或预收货款而形成的企业之间的借贷关系，是一种所谓的"自发性筹资"，在短期筹资中占有相当大的比重。商业信用的具体形式有商业汇票、票据贴现、应付账款、预收账款等。

（1）商业汇票

商业汇票是在企业之间根据购销合同进行延期付款的商品交易时开具的反映债权债务关系的票据，是现行的一种商业票据。商业汇票可由销货企业签发，也可由购货企业签发，到期日由销货企业要求付款。商业汇票必须经过承兑，需要经过有关各方在汇票上签章，表示承认到期付款。

汇票承兑期限由交易双方商定，一般为1～6个月，最长不超过9个月，遇有特殊情况可以适当延长。

商业汇票是一种期票，是反映应付账款或应收账款的书面凭证，在财务上作为应付票据或应收票据处理。对购买单位来说，它也是一种短期筹资的方式。采用商业汇票可以起到约期结算、防止拖欠的作用，由于汇票到期要通过银行转账结算，这种商业信用便纳入银行信用的管理轨道。

商业汇票根据承兑人不同，可分为商业承兑汇票和银行承兑汇票两种。商业承兑汇票是由销货单位或购货单位开出，由购货单位承兑的汇票。银行承兑汇票是由销货单位或购货单位开出，由购货单位请求其开户银行承兑的汇票。这两种承兑汇票在同城、异地均可使用。

商业汇票根据是否附息，可分为无息票据和有息票据两种。如果是无息票据，则属于免费信用。如果开出的是有息票据，则所承担的票据利息就是应付票据的筹资成本。商业汇票到期必须归还，如若延期便要交付罚金，因而风险较大。

（2）票据贴现

票据贴现是持票人把未到期的商业票据转让给银行，贴付一定的利息以取得银行资金的一种借贷行为。它是商业信用发展的产物，实为一种银行信用。银行在贴现商业票据时，所付金额要低于票面金额，其差额为贴现息。银行通过贴现把款项贷给销货单位，到期向购货单位收款，所以要收利息。采用票据贴现形式，企业一方面给予购买单位以临时资金融通，另一方面在本身需用资金时又可及时得到资金。这有利于企业把业务经营搞活，把资金用活。

（3）应付账款

应付账款即赊购商品，是一种典型的商业信用形式，是企业购买货物暂未付款而欠对方的账款，即卖方允许买方在购货后一定时期内支付货款的一种形式。卖方利用这种方式促销，而对买方来说延期付款则等于向卖方借用资金购进商品，可以满足短期的资金需要。

①灵活掌握信用条件。为了促使购买单位按期付款、提前付款，销售单位往往规定一定的信用条件。应付账款按其利用信用条件的方式，可分为免费信用、有代价信用两种。

免费信用是指企业无须付出任何代价而取得的信用，即买方企业在规定的折扣期内享受折扣而获得的信用，一般包括法定付款期限和销售者允许的折扣期限。前者如银行结算办法规定允许有三天的付款期限，即付款人可从收到付款通知的三天内享受免费信用；后者为一定信用条件的折扣期内购买者可享受免费信用，这两种免费信用都是有时间限制的。免费信用相当于企业获得一笔无息贷款。

有代价信用是指企业需要付出一定代价而取得的信用，即买方企业放弃折扣代价而获得的信用。如在有折扣销售的方式下，企业购买者如欲取得商业信用，则需放弃折扣，而所放弃的折扣就是取得此种信用的代价。

②合理利用信用条件。在附有信用条件的情况下，因为获得不同信用要付出不同的代价，买方企业便要在利用哪种信用之间做出决策。

企业如果能以低于放弃折扣的隐含利息成本的利率借入资金，便应在现金折扣期内，用借入的资金支付货款，享受现金折扣。

企业如果在折扣期内将应付账款用于短期投资，所得的投资收益率高于放弃折扣的隐含利息成本，则应放弃折扣而去追求更高的收益。当然，假使企业放弃折扣优惠，也应将付款日推迟至信用期内的最后一天，以降低放弃折扣的成本。

企业如果因缺乏资金而欲展延付款期，则需在放弃折扣成本与展延付款带来的损失之间进行选择。展延付款带来的损失主要是指因企业信誉恶化而丧失供应商乃至其他贷款人的信用，或日后招致苛刻的信用条件。

企业如果面对两家以上提供不同信用条件的卖方，应通过衡量放弃折扣成本的大小，选择信用成本最小的一家。

（4）预收账款

预收账款是指销货单位按照合同和协议规定，在付出商品之前向购货单位预先收取部分或全部货物价款的信用行为。对卖方来讲，预收账款相当于向买方借用资金后用货物抵偿。对买方来讲，相当于买入期货。预收账款一般用于生产周期长、资金需要量大的货物销售，生产者经常要向订货者分次预收货款，以缓和本企业资金占用过多的矛盾。

此外，企业往往还存在一些在非商品交易中产生但亦为自发性筹资的应对费用，如应付职工薪酬、应对水电费、应交税费、其他应付款等。应对费用使企业受益在前、费用支付在后，而且支付期晚于结算期，相当于享用了一笔借款，在一定程度上缓解了企业的资金缺口的问题。应对费用的期限具有强制性，不能由企业自由斟酌使用，但通常不需要付出代价。

企业通过商业信用在商品交易活动中吸收利用外部资金，可以有效地缓解资金紧张的局面，以弥补企业现金流的缺口，防范支付危机的发生。

4．运用创新工具进行缺口管理

企业在管理现金流缺口时，可以通过多种短期筹资方式加以弥补，既可以通过现有资产的抵押贷款，又可以通过现有资产让售等获得筹资。如果把现有资产产生的未来现金流以证券的形式出售，那么企业就可以提前获得资金，这个过程就是资产证券化。作为一种新型创新筹资工具，资产证券化极大增强了企业资产的流动性，为企业管理现金流缺口提供了工具。

第四章　财务战略管理

第一节　财务战略概述

财务战略就是对企业总体和长远发展有重大影响的财务活动的指导思想和原则。企业财务战略的着眼点不是企业的当前，也不是为了维持企业的现状，而是面向未来，为了谋求企业的持续、长远发展和增强企业的财务竞争力。

一、财务战略的特征

财务战略的主要特征如下：

（一）综合性

财务战略的制定要综合考虑影响企业财务活动的各种因素，包括财务的和非财务的、主观的和客观的等各种因素。企业财务战略不能就财务论财务，只有综合这些因素，才能实现企业财务战略所要达到的目标。

（二）全局性

企业财务战略以全局及整体经营活动中企业资金运动的总体发展规律为研究对象，根据企业财务的长远发展趋势而制订，从全局上规定着企业财务的总体行为，使之与企业的整体行动相一致，追求企业财务的总体竞争实力，谋求企业良好的财务状况和财务成果。总体上说，它是指导企业一切财务活动的纲领性谋划。所以，凡是关系到企业全局的财务问题，如资本结构、投资方案、财务政策等都是财务战略研究的重要问题。企业财务战略的全局性还表现在财务战略应该与其他企业职能战略相结合，共同构成企业的整体战略，企业各职能部门必须协调一致才能最大限度地实现企业的总体战略目标。

（三）全员性

财务战略的全员性体现在以下两点：

①从纵向看，财务战略制定与实施是集团公司高层主管、总部财务部门主管、事业部财务及下属各子公司或分厂财务多位一体的管理过程。

②从横向看，财务战略必须与其他职能战略相配合，并循着公司的发展阶段与发展方向来体现各职能战略管理的主次，财务战略意识要渗透到横向职能的各个层次，并最终由总部负责协调。财务战略的全员性意味着财务战略管理应以经营战略为主导，以财务职能战略管理为核心，以其他部门的协调为依托进行的全员管理。

（四）长期性

财务战略的着眼点是为了谋求企业的长远发展。因此，在制订财务战略时，要从企业长期生存和发展的观点出发，有计划、有步骤地处理基本矛盾，这是战略管理要解决的根本问题。

（五）风险性

企业财务战略制定必须考虑企业在不确定环境下的适应能力和发展能力，注重企业发展过程中的各种风险因素，使得企业对各种可能发生的风险做到心中有数，准备好应对策略，以便抓住机遇，规避风险。从财务战略的角度看，研究经营风险和财务风险的目的应着眼于企业的筹资及所筹资本的投资上。财务风险和经营风险可以产生多种组合模式，以供不同类型的企业进行理性的财务战略选择。

（六）系统性

企业财务战略是把企业资本运营当做一个系统来对待的，所注重的是它与企业整体战略、与企业内外环境之间的关系，以及其自身各要素之间的关系，并且试图从整体的、系统的角度来协调这种关系。从财务战略自身的系统而言，协调性是自然应该具有的。

（七）从属性

这里所谓的财务战略的从属性，主要是指它是企业战略的一个组成部分而言，并非指它简单地服从于企业战略。制定财务战略的出发点应该是为了从财务方面对企业整体战略给予支持。因而，财务战略不是独立于企业战略之外的，一方面，财务战略是企业战略的执行和保障体系，另一方面，何种企业整体战略决定何种财务战略。

（八）差异性

对所有企业而言，它们既不能不追求尽可能大的营利或资本增值，又不能一味地追求营利而忽视其他目标。这种既统一又对立的关系，使得不同企业的整体财务战略不尽相同。

（九）支持性

财务战略的支持性表现在它是经营战略的执行战略。经营战略是全局性的决策战略，侧重通过分析竞争对手来确定自己的经营定位，为其职能战略的制定提供依据；财务战略则是局部性的、执行性的，它从财务角度对涉及经营的所有财务事项提出自己的目标。因此，财务战略必须目标明确，在行动上具备可操作性。

（十）外向性

现代企业经营的实质就是在复杂多变的内外环境条件下，解决企业外部环境、内部条件和经营目标三者之间的动态平衡问题。财务战略把企业与外部环境融为一体，观察分析外部环境的变化为企业财务管理活动可能带来的机会与威胁，增强了对外部环境的应变性，从而大大提高了企业的市场竞争能力。

（十一）互逆性

尽管财务战略对公司战略的支持在不同时期有不同的支持力度与作用方式，但从战略角度看，投资者总是期望公司在风险一定情况下保持经济的持续增长和收益的提高。因此，财务战略随着公司经营风险的变动而进行互逆性调整。这种互逆性是财务战略作为一极与经营战略作为另一极相互匹配的结果。

二、财务战略的地位

企业财务战略的目标是谋求企业资本的均衡和有效流动，以及实现企业总体战略。

企业战略是企业整体战略的一个有机组成部分，财务战略是企业战略中的一个特殊的综合性的子战略，在企业战略管理体系中处于相对独立的基础地位，是企业战略的中坚，它既从属于企业战略，又制约和支持企业战略的实现，两者是辩证统一的关系。同时，财务战略与其他总体战略的子战略，如生产战略、营销战略等存在着相互影响、相互制约的关系，与其他职能战略之间既相互区别又相互联系。

(一) 财务战略从属于企业战略

无论从生存方面还是从发展方面考虑，企业战略对一个企业而言都是至关重要的。企业总体战略决定了企业经营的领域、产品的发展方向和技术水平，规定了企业投资的方向。企业必须在总体战略规定的范围内进行投资活动，并保证资金及时、足额到位。

作为企业战略的一个子战略，财务战略不是独立于企业战略的，而是服务于、从属于企业战略的。企业战略是财务战略的一个基本决定因素，是整个企业进行生产经营活动的指导方针，也是协调各种经营活动的主旋律。企业战略居于主导地位，对财务战略具有指导作用。财务战略通过保证企业战略实施对资金的需求，安排企业的财务资源规模、期限与结构，提高资金运转效率，为企业战略实施提供良好的财务保障。在企业财务战略管理过程中，首先要对企业外部财务环境及自身内部资源条件进行分析，在此基础上，综合考虑企业总体战略和生产营销战略的制约作用，从而制定出符合客观情况的财务战略。

（二）财务战略是企业战略中最具综合性的子战略

企业财务战略的谋划对象是企业的资金流动以及在资金流动时所产生的财务关系。正是由于资金是企业生存发展最为重要的因素，企业整体战略与其他职能战略的实施也离不开资金，因此，财务战略可以看成企业战略的一种货币表现形式。企业财务战略在一定条件下，反作用于企业总体战略的制定、部署和实施，在各种战略层次上处于主体地位。

当然，财务战略是用来指导企业在一定时期内各种资本运营活动的一种纲领性谋划，规定着资本运营的总方向、总目标和总方针等重要内容，是制订各种具体资本运营计划和措施的依据。财务战略一经制订，就成为指导企业具体资本运作和财务管理行为的行动指南。

（三）财务战略对企业战略的其他子战略起着重要的支持和促进作用

财务战略的一个基本问题是如何优化配置资源，优化资本结构，促进资本快速流动和最大增值获利。财务战略除了贯彻企业战略的总体要求外，还必须考虑其他子战略与各职能部门战略的一致性。只有这样，财务战略才会对企业战略的其他各项职能战略的成功起到支持和促进作用。财务战略不同于其他的功能性子战略，它是企业战略管理系统中最具有综合性的子战略，对企业各层次战略的实现具有重要的意义和影响。这是因为，无论企业战略本身，还是市场营销战略、生产战略和技术创新战略等的实施均离不开资金的支持。这些战略一经制定，就会对资金产生需求。因此，制定企业战略的其他各项子战略时必须注意它们与财务战略目标的协调性。

许多企业在正式确定财务战略之前，要在各部门之间经过多次反复讨论。这一过程的重要目的之一，就是要对各项战略从资金方面予以审核，根据资金的可供量和资本增值效益等方面的考虑，对各子战略进行综合平衡，并使它们逐步协调一致。也就是说，企业各级战略的制定和实施必须接受财务的检验。企业作出战略选择的重要标准是可行性，可行性的首要条件就是该战略是否有资金支持。

由此可见，财务战略作为企业战略的重要组成部分，在其制定过程中，既要坚持其与企业战略的一致性，又要保持其自身的独特性。它们之间是一种相互影响、相互印证、相互协调的动态关系。同时，财务战略也是协调企业各级战略之间关系的工具。不管是处于最高层的企业战略，还是市场营销战略、生产战略等子战略，它们的实施均离不开财务的配合。

(四) 财务战略制约企业战略的实现

企业战略解决的是企业在其总体目标的指引下，整个经营范围的问题以及怎样分配资源给各个经营单位的问题，财务战略则以维持企业长期营利能力为目的，解决财务职能如何为其他各级战略服务的问题。财务战略的选择，决定着企业财务资源配置的模式，影响着企业各项活动的效率。

正确的财务战略能够指引企业通过采取适当的方式筹集资金并且有效管理资金，其主要目标是增加价值。财务战略通过资金这条主线，利用综合的财务信息将企业各个层次的战略有机地连接在一起，成为协调企业纵向战略、横向战略以及纵横战略之间关系的桥梁和纽带。财务战略影响企业战略的方方面面，包括投入的资金是否均衡有效、金融市场对资金筹集的约束和要求，资金来源的结构是否与企业所承担的风险与收益相匹配等。在企业战略管理实践中，很难将企业各层次的不同战略准确地区分为哪些是财务战略，哪些是非财务战略。

对于一个成长型的企业而言，从金融市场上筹集外部资金几乎是必需的。金融市场的特点、惯例和标准，以及由此产生的企业内部资金管理的特点等，都会对企业其他方面的运作产生重要影响。因此，在企业战略的制订过程中，或在其投入实施之前，必须检验其在资金上的可行性。

一个成功的企业战略，必须有相应的财务战略与之相配合。财务对于一个企业来说是十分关键的。任何项目的事前预算、事中控制及事后考评都离不开财务。如果企业能够正确制定和实施有效的财务战略，它就能增加股东价值。企业及其他战略在制订时，需要考虑资本运动规律的要求，使资金能够保持均衡、有效的流动。

三、财务战略的目标

财务战略目标可分为财务战略总目标和财务战略具体目标。

(一) 财务战略总目标

财务战略总目标不仅影响财务战略的制定，而且还指导财务战略的实施。能否正确确定财务战略总目标，对财务战略的制定和实施是至关重要的。按现代经济学的观点，企业实质上是"一系列契约的连接"，各要素持有者各有其连接企业的必要性和可能性，它们对企业的存在是必不可少的。在一定意义上讲，企业各相关利益集团的目标都可折中为企业长期稳定的发展和企业总价值的不断增长，各个利益集团都可以借此来实现它们的最终目的。因此，企业财务战略的总目标就是股东财富最大化或企业价值最大化。

(二) 财务战略具体目标

财务战略具体目标是为实现总目标而制定的目标，是财务战略总目标的具体化，它既规定财务战略行动的方向，又是制订理财策略的依据，在财务战略中居于核心地位。财务战略具体包括投资战略目标、融资战略目标和收益分配目标。它是在战略分析的基础上确定的，是采取具体财务战略行动的指南。

1. 融资战略目标

通常，企业在确定融资战略目标时，需考虑以下两点：第一，是融资战略的首要目标是解决满足投资所需的资金。这是推动企业低成本扩张，不断提高市场份额的关键。第二，是使综合资本成本最小。企业在筹措资金时，要注意权益资本和债务资本的合理配置，优化资本结构，力争使企业综合资金成本最小。

2. 投资战略目标

投资战略目标是由财务战略总目标决定的。不同的企业在不同的投资运营项目上会有不同的追求，即使同一企业，选择的经营战略类型不同，其投资战略目标也不尽相同。企业在制定投资战略目标时必须充分考虑市场占有率、现金流量、投资报酬率等问题。

3. 收益分配目标

企业采取何种收益分配战略，要根据企业的内外部因素的分析及投融资的要求来确定。如在企业采取竞争战略的情况下，收益分配战略的首要目标是满足筹资的需要，追求的是企业的长远利益。

为实现企业财务战略目标要求，必须有相应的战略重点、战略阶段及其战略对策等为之服务。其中，战略重点是指实现财务战略的具体目标的过程中，必须予以解决的重大而又薄弱的环节和问题；战略阶段是为实现战略目标而划分的阶段；战略对策是保证战略目标实现的一整套重要方针、措施的总称，是保证战略实现的手段。具体来说，一方面，企业在制订财务战略具体目标时，一般都要充分利用其外部的机会和内部的优势，但也不能完全回避外部威胁和内部劣势所潜伏的威胁性影响。另一方面，为使财务战略方案能被有序执行，必须分期规定各阶段的具体任务和目标，才能保证届时实现财务战略目标。因此，在制订财务战略时，企业必须根据现有条件和对理财环境的变化和发展趋势的分析，划分战略阶段，提出各战略的时间、任务、目标及措施，明确各战略阶段的重点，使财务战略趋于完整。另外，在研究制订财务战略对策时，企业还必须以其财务状况和营利能力为分析基础。

企业为实现战略目标必然要求企业组织结构符合企业战略的根本要求，而作为企业组织结构重要组成部分的公司治理结构的完善与否同企业战略目标的实现息息相关。通常，现代的竞争环境、现代的竞争方式和现代的竞争战略都要求现代企业制度和公司治理结构作为根本的制度保障。就财务战略而言，企业财务管理体制和内部会计控制结构必须有助于财务战略的贯彻实施。公司治理结构、内部控制的组织形态或结构形式要服从、受制于企业战略与财务战略，它们必须为实现企业战略目标服务。内部控制系统与战略绩效控制系统相互交叉、相互渗透、相互补充，共同负责财务战略的贯彻实施。

四、财务战略的类型

财务战略的通常分类如下：

(一) 按资金筹措与使用特征划分

1. 扩张型财务战略

扩张型财务战略是以实现企业资产规模的快速扩张为目的的一种财务战略。

为实施这种财务战略，企业往往需要将大部分利润乃至全部利润留存。同时，企业还要大量进行外部融资，更多地利用负债，以弥补内部积累相对于企业扩张需要的不足。更多地利用负债而不是股权筹资，是因为负债筹资既能给企业带来财务杠杆效应，又能防止净资产收益率和每股收益的稀释。随着企业资产规模的扩张，也往往使企业的资产收益率在一个较长时期内表现出相对较低的水平，其显著特征为高负债、低收益、少分配。

2. 稳健发展型财务战略

稳健发展型财务战略是指以实现企业财务绩效的稳定增长和资产规模的平稳扩张为目的的一种财务战略。实施稳健发展型财务战略的企业，一般将尽可能优化现有资源的配置和提高现有资源的使用效率及效益作为首要任务，将利润积累作为实现企业资产规模扩张的基本资金来源。为了防止过重的利息负担，这类企业对利用负债实现企业资产规模从而促进经营规模扩张往往持十分谨慎的态度。所以，实施稳健发展型财务战略的企业，其一般财务特征是低负债、高收益、中分配。当然，随着企业逐步走向成熟，内部利润积累就会越来越成为不必要，那么，"少分配"的特征也就随之而逐步消失。

3. 防御收缩型财务战略

防御收缩型财务战略指以预防出现财务危机和求得生存及新的发展为目的的一种财务战略。实施防御收缩型财务战略的企业，一般将尽可能减少现金流出和尽可能增加现金流入作为首要任务，通过采取削减分部和精简机构等措施，盘活存量资产，节约成本支出，集中一切可以集中的资源用于企业的主导业务，以提升企业主导业务的市场竞争力。高负债、低收益、少分配是实施这种财务战略企业的基本财务特征。

随着企业经营环境的日益复杂，组织形式的变化、金融工具的创新、企业自身发展所处阶段的不同，从不同的角度分析，企业呈现的总体财务战略可以是以上三种中的任意一种，也可以是某一种局部修正或者创新。

(二) 按财务管理的内容/对象分

1. 筹资战略

它是根据企业的内外环境的现状与发展趋势，适应企业整体战略与投资战略的要求，对企业的筹资目标、原则、结构、渠道与方式等重大问题进行长期地、系统地谋划。

筹资目标是企业在一定的战略期间内所要完成的筹资总任务，是筹资工作的行动指南，它既涵盖筹资数量的要求，更关注筹资质量。筹资原则是企业筹资应遵循的基本要求，包括低成本原则、稳定性原则、可得性原则、提高竞争力原则等。企业还应根据战略需求不断拓宽融资渠道，对筹资进行合理搭配，采用不同的筹资方式进行最佳组合，以构筑既体现战略要求又适应外部环境变化的筹资战略。

2. 投资战略

它是在市场经济和竞争条件下，根据企业使命和目标的要求，对在一定时期内为获得预期收益，而运用企业资源购买实际资产或金融资产行为的根本性谋划。

投资战略主要解决战略期间内投资的目标、原则、规模、方式等重大问题。投资目标包括收益性目标、发展性目标、公益性目标等。

投资原则主要有集中性原则、准确性原则、权变性原则。

在投资战略中还要对投资规模和投资方式做出恰当的安排。

3．收益分配战略

分配战略是根据筹资战略、投资战略的需要，制订企业的股利政策，共同作用于企业的筹资、投资管理目标，使企业实现股东价值最大化。

企业的收益应在其利益相关者之间进行分配，包括债权人、企业员工、国家与股东。然而前三者对收益的分配大都比较固定，只有股东对收益的分配富有弹性，所以股利政策也就成为收益分配战略的重点。

股利政策要解决的是确定股利战略目标、是否发放股利、发放多少股利以及何时发放股利等重大问题。从战略角度考虑，股利政策的目标为：促进企业长远发展，保障股东权益，稳定股价，保证企业股价在较长时期内基本稳定。企业应根据股利政策目标的要求，通过制定恰当的股利政策来确定其是否发放股利、发放多少股利以及何时发放股利等重大问题。

分配战略是从属性的，但有时也是主动性的。一方面，分配管理是从属性的，它在很大程度是筹资管理的补充；另一方面，它又是主动性的，这是因为当企业分配政策有利于协调生产经营时，企业发展的速度就快，反之则相反。

（三）按企业生命周期分

生命周期是指从引入到退出经济活动所经历的时间。企业生命周期分析需借助行业生命周期来考虑。行业生命周期分为幼稚期、成长期、成熟期和衰退期四个阶段。行业生命周期在很大程度上决定了企业生命周期。与行业生命周期一样，企业的生命周期也分为四个阶段，即初创期、成长期、成熟期和衰退期。处于不同阶段的企业有不同的战略重点，从而有着不同的财务战略。从财务战略对经营战略的支持性及经营风险与财务风险的互逆性看，各个时期的财务战略肯定是不同的。

基于此，财务战略可分为初创期的财务战略、成长期的财务战略、成熟期的财务战略和衰退期的财务战略四种类型。

第二节 财务战略管理综述

财务战略管理或称战略财务管理，是指运用企业战略管理的思想，从战略角度对财务战略的制定和组织实施方面的管理，是企业财务管理的关键。财务战略管理既要体现企业战略管理的原则要求，从战略管理的角度来规划企业的财务行为，使之与企业的整体战略相一致，以保证企业经营目标的实现，又要遵循企业财务活动的基本规律。

一、财务战略管理的特征

（一）关注企业核心竞争力的创造

企业财务战略的目标之一就是使企业在激烈的市场竞争中是否具有核心竞争力，并将其看作企业是否能够保持优势的关键。企业有了核心竞争力，就可以根据市场的变化不断调整完善自身的经营策略。企业的核心竞争力通常包括财务核心竞争力和技术核心竞争力。企业技术核心竞争能力的创造来自正确的研发决策和技术更新决策。企业财务核心能力就是企业营利能力的可持续增长，其培养来源于合理正确的投资决策、资本结构决策、营运资金决策等。它通常体现为一个企业的本身具备的综合实力。

（二）财务战略管理的逻辑起点应该是企业目标和财务目标的确立

这是因为，每一个企业客观上都应该有一个指导其行为的企业目标以及相应的财务目标。企业目标的明确，也就意味着明确了企业的总体发展方向；财务目标的明确，则为财务战略管理提供了具体行为准则。有了明确的企业目标和财务目标，才可以界定财务战略方案选择的边界。也就是说，只有明确了企业目标和财务目标，才可以将财务战略管理尤其是财务战略形成过程限定在一个合理的框架之内。

（三）关注企业的长远发展

每个企业都应该有一个明确的企业经营目标以及与之相应的财务目标，以此来明确企业未来的发展方向，为企业的财务管理提供具体的行为准则。只有明确了企业经营目标和财务目标才可以界定财务战略方案选择的边界，选择适合企业自身的财务战略。财务战略管理应具有战略视野，关注企业长远的、整体的发展，重视企业在市场竞争中的地位，以扩大市场份额，实现长期获利，打造企业核心竞争力为目标。

（四）重视环境的动态变化

企业制定战略以外部经营环境的不确定性为前提，企业必须关注外部环境的变化。根据变化调整战略部署，或采取有效的战略方案，充分利用有限的经济资源，保证企业在动态的环境中生存和发展。换句话说，财务战略管理就是要用一种动态的眼光去分析问题，它关心的不只是某一特定时刻的环境特征，还包括这些因素的动态变化趋势，关注这些环境特征的未来情形及其对企业可能产生的影响。

（五）广泛收集财务及非财务信息

在竞争环境下，衡量竞争优势的不仅有财务指标，还有大量的非财务指标。许多非财务指标尽管不能直接反映企业的经营业绩，但对企业的长远发展起着至关重要的作用，如目标市场的占有率、客户满意度等。因此，财务战略管理不仅应充分了解竞争对手的财务信息，还应尽可能收集竞争对手的一些非财务信息。

二、财务战略管理的观念

（一）传统理财观念

传统的经营理财观念是随着商品经济的发展而形成的，主要包括以下观念。

1. 经济效益观念

实现最佳经济效益是企业经营的基本目标。企业进行理财活动，必须树立正确的经济效益观念。这就要求企业在经营的过程中，必须处理好企业所费与所得之间的关系，最大限度地发挥财务管理在企业经营中的职能作用，在遵循资本运动规律的前提下，承担企业筹资、投资、成本费用管理及其收益分配方面的职能，要研究经营理财活动的规律，强化资金管理，重视优化资本结构，降低资金成本，合理负债经营，控制财务风险。在开展日常生产经营活动的同时，利用发达的金融、资本市场开展货币商品经营，保持良好的财务形象。

2. 财务风险观念

财务风险观念是在市场经济条件下，从资金需求出发，考虑资本市场评价效益，并成功实现风险决策的观念。树立财务风险观念要重视金融、资本市场的动向，以便从金融市场筹集所需要的资金，要优化资本结构，正确核算资本成本和投资收益率，要正确对待和全面分析财务风险，研究引起财务风险的一系列不确定性因素，研究防范财务风险应采取的具体措施和方法。

3. 资本成本观念

资本成本是指企业因筹集和使用资金而付出的代价。在市场经济条件下，由于资本所有权和资本使用权的分离，企业在筹资过程中必须考虑资本成本，研究资本成本对筹资决策的影响。

(二) 资本经营理财观念

现代企业作为市场主体，其财务管理活动要围绕如何把加入企业活动的每种资本要素以及各种资源进行优化配置而展开。资本经营作为现代企业一种以资本增值为目标的经营理财方式，是市场经济发展的需要，是现代企业经营发展的必然趋势，也是企业获得资本更大增值获利的有效途径。按照资本经营理论，企业是各种资本要素所构成的组织体，企业运行的全部目的就在于实现其资本增值，实现股东财富最大化或企业价值最大化。企业资本运营的过程就是要对企业所拥有的各种资本要素进行合理的配置，促成其高效流动，使其资本结构优化。

资本经营理财观念包括以下方面。

1．理财效益观念

理财效益观念是指，要树立理财的根本动因是实现资本的最大增值和最大利润的观念。在资本投资决策前，要重视成本预测和决策，注重市场调研，投资要与企业发展和市场需要相适应。要重视资金与物资运营的相结合，加强成本、费用、资金的有效控制，挖掘现有资本的潜力，提高资本使用效率。

2．机会成本观念

在经营理财活动中引入机会成本观念，有助于全面考虑各种可能采取的方案，通过比较，选择出最经济、最优化的资本运营方案。

3．边际资本成本观念

应用边际资本成本分析法制订财务决策，就是要把它作为寻求最优解的工具，以决定某项财务活动究竟应该进行到何种程度才是最合算的。

三、财务战略管理的基础

从配合企业战略实现的要求出发，必须着力做好以下工作，以形成企业财务战略管理的基础。

（一）转变财务管理部门的工作重心

这种转变是基于财务管理本身完全可以为企业战略制定提供最重要的决策支持信息。实现这种转变，财务管理部门必须把自己的工作重心放在服务于企业的决策制定和经营运作上，要将更多的时间和精力投入支持企业发展的信息服务工作中，协助企业其他职能部门更敏捷地应对市场的变化，统筹安排企业资源，进行风险管理。

（二）建立多维的财务信息资源获取体系

借鉴现代理论研究成果，我们应该把企业财务分解成出资人财务和经营者财务。其中，出资人投资的目标是追求资本的保值和增值，出资人关注的财务问题主要包括投资收益、内部信息对称以及激励和约束等。因此，财务战略管理的制度安排、业绩评价指标等应充分体现出资人所关注的问题，财务管理体系主要应包括现金流量管理、制度管理、人员管理、预算管理、会计信息管理和内外部审计管理等。经营者财务管理的主要目标是保持良好的经营能力、营利能力和偿债能力；权衡负债的风险和收益，维持理想的资本结构；提高企业资产的利用效率和效益等方面。经营者关注的问题主要应包括现金流量、成本控制、市场拓展、产品研发等。由此，经营者财务管理体系应涵盖：现金流量管理、营运资本管理、投融资管理、经营者预算管理、税收管理、盈余管理、财务战略管理和风险管理等。实践中，财务管理部门应根据已经产生的基础财务信息，分别计算、分析上述两类指标，为不同财务信息主体提供其所需要的信息，实现财务部门的经营决策支持功能。

（三）切实体现财务部门的战略执行功能

财务战略管理最重要的职责，仍然是通过和其他职能部门有效配合，来促进企业战略的顺利执行和有效实现。要想充分发挥其职能，最简单的办法就是深刻理解企业现阶段所制定战略的内涵、背景及其实现的优势和障碍，在此基础上根据企业战略来定位自己应思考和解决问题的战略导向。财务战略管理是主动型的，主要是根据企业战略规划的总目标，安排财务部门的工作。通常，在制定战略的时候，企业财务部门已经做了大量的信息收集、分析工作，可以帮助制订适当的企业战略。

这里要特别强调的是，现代企业战略规划已经延伸到了企业外部。企业间的战略联盟和供应链的构架，成为实施财务战略管理的企业发展到一定阶段的必然选择。与之相配合，这一阶段的财务管理部门信息处理的着眼点，就是要扩展到企业外部，涉及供应链或企业战略联盟中的其他企业。由此使得供应链成本核算、利润核算、利益协调等，日益成为现阶段财务理论研究的热点问题。

四、财务战略管理的过程

财务战略管理的过程如下：

①财务战略管理首先是从确定企业发展方向和战略目标入手，预测、分析企业所处的内、外部经营环境的变化，评估企业自身的优势和劣势、机会和威胁，进而描绘出企业发展的整个蓝图，定出财务规划。

②在对财务规划进行评估以后，制订财务战略实施方案，将财务战略意图具体地反映在行动规划上。

③优化资源配置，优化资本结构，调配各种力量，使之适应战略管理的需要。

④实施战略，努力实现企业的战略目标。

在这一过程中，企业要从整体和长远利益出发，就资本经营目标、内部资源条件及经营整合能力、资本结构同环境的积极适应等问题进行谋划和决策，并依据企业内部经营整合能力将这些谋划和决策付诸实施。这一过程通常由战略环境因素分析、战略构思、战略决策、战略实施和战略控制等环节组成。这是企业财务战略管理与日常管理的统一。

五、财务战略的制定

（一）企业的经营战略

财务战略作为企业整体战略的组成部分，与企业战略是全局与局部的关系，是企业战略的执行战略，必须根据企业不同发展周期来确定。在不同的发展阶段，企业必须有不同的财务战略。

（二）资本结构最优化

企业在制定财务战略时需充分考虑风险与收益相对等。公司高层在做决策时由于对风险的态度、公司经营战略的理解、自身经营风格的不同往往会对风险的认识不同，此时作为公司高层决策人员之一的财务总监就必须保持清醒的头脑，根据企业的不同生命周期、产品市场和资本市场的情况，提出企业最合理的资产、负债结构，确保企业的快速健康发展。实践证明，企业的快速发展需要有一个最优的资本结构，否则企业将陷入困境。

（三）正确处理战略实施与成本管理的关系

企业财务战略规划实际是对价值链、战略定位进行分析，价值链分析所得出的信息对制定战略以消除成本劣势和创造成本优势起着非常重要的作用。战略定位分析主要解决如何将成本管理与企业战略相结合的问题，因为在确定了企业的战略定位以后，实际上也就确定了企业资源的配置方式及相应的管理运行机制。通过价值链分析和战略定位分析，企业就能够确定其应采取的成本管理战略。成本管理战略的基本思想是将资源、成本因素同企业的竞争地位联系起来，寻求企业竞争力的提高与成本持续降低的最佳路径。

（四）资本市场

资本市场是公司财务战略制定和实施的前提之一。实践证明，我国资本市场的快速发展，给我国企业，特别是国有企业的发展提供了资金来源，促进了我国经济的快速健康发展。在一定程度上来讲，离开资本市场财务战略无异于"无源之水，无本之木"。财务总监在制订财务战略时需十分重视资本市场这一因素并加以研究，才能使企业的财务战略与现实相符。

六、财务战略的规划

企业在进行财务战略规划时必须首先明确企业的财务目标，然后分析企业目前的财务状况与既定目标之间的差距，最后指出企业为达到目标应采取的行动。

财务战略规划就是为企业未来的发展变化制定方针，它系统地阐述了实现财务目标的方法，具有两个特征，即时间性和综合性。所谓时间性，是指财务战略规划是对未来工作所做的安排。大多数决策在实施前都有很长的准备期。在不确定的条件下，决策制定要远远超前于具体实施。长期的财务规划，通常跨 2～5 年。所谓综合性，是指财务战略规划汇集了企业每一个项目的资本预算分析。实际上，财务规划要将企业每一个经营单位较小的投资计划合在一起，使之成为一个大的项目。同时财务战略规划要求就各种可能的情况作出假设。

①最差的情形。要求对公司产品和经济形势可能出现最糟糕的情况作出假设，甚至包括可能陷入破产清算的情形。

②一般的情形。要求对公司发展和经济形势最可能出现的情况作出假设。

③最好的情形。要求每个部门按最乐观的假设做出一份计划，可能包括新产品开发和公司扩展的内容。

（一）财务战略规划方法

为使企业选择和制定一个能够确保企业可持续发展的财务战略，并使财务战略得以良好的贯彻和执行，就必须采用科学的方法和遵循必要的程序来制定企业的财务战略。遵照企业战略的生成程序，财务战略制订的一般程序是：在企业内外部环境分析和确定战略目标的基础上，广泛地寻求企业各种可能的备选方案，检测各备选方案与企业战略的一致性，通过各种具体指标对备选方案进行比较与评价，从中选择最优的战略方案。

1. 进行理财环境分析

理财环境分析是指对制订财务战略时面对的外部环境和内部资源经营条件进行分析。企业财务是一个开放性系统，应与外部环境相适应，与企业内部的资源经营整合能力相配合。只有知内知外，寻求机会，明确风险，找出优势和劣势，才能制定出切合企业实际的财务战略。

2. 确定企业的长远发展财务战略目标

在议定长远财务战略目标、制定方案时要遵循下列原则：扬长避短，发挥优势，坚持创新发展，以创新求发展，力求贡献、效益与速度同步增长，和企业的其他战略协调进行，集思广益，发挥群体智慧。

3. 可行性论证

比较分析各方面的可行程度、风险大小、效益高低，从中选出最佳的财务战略方案。

4. 最终决策

经过反复论证和审议，最后由企业决策机构进行决策并组织实施。

主要影响因素优先排列出来，而将那些间接的、次要的、少许的、不急的、短暂的影响因素排列在后面。

(二) 财务战略规划模型

由于各个公司的规模和产品不同，其财务战略规划也不可能完全相同，但在某些方面是共同的，这些共性的地方就是财务战略规划模型的主要组成部分。

1. 销售额预测

销售取决于未来的经济状况，而未来的经济状况又是不确定的，因此，要完全准确地预测销售额是不可能的，企业可借助于宏观经济中的专业化分工以及产品发展规划来进行销售预测。

2. 试算报表

财务战略规划还要求编制试算的资产负债表、利润表和资金来源与运用表。这些报表称为试算报表或预计报表。

3. 资产需要量

财务战略规划确定计划的资本性支出以及计划的净营运资本支出。

4. 融资需要量

财务战略规划还要进行融资安排，包括股利政策和债务政策等。如果企业要通过发行新股来增加所有者权益，财务规划就应考虑发行何种证券，以什么方式发行。

5. 追加变量

如果财务规划编制人员假设销售收入、成本和利润将按一个特定的比率 G1 增长，又要求资产和负债按照另一个不同的比率 G2 增长，那么必须有第三个变量来进行协调，否则这两个增长率将无法相容。所以把发行在外股票的增长率作为"追加变量"即选择发行在外股票的增长率来使利润表项目的增长率与资产负债表项目的增长率相适应。

6．经济假设

财务规划必须明确企业在整个计划期内所处的经济环境，并据此作出相应的假设。

第五章 财务监控管理

第一节 财务监督

企业财务监督是指由国家机关、社会中介机构、企业内部机构及其人员根据法律、行政法规、部门规章以及企业内部制度的规定，对企业财务活动进行检查、控制、督促和处理处罚等活动的总称。

一、财务监督的主体和内容

企业财务监督的主体一般需要通过法律规范、企业章程及企业内部制度取得合法的监督权，主要有外部监督的行政机关、社会中介机构，内部监督的投资者和经营者。不同财务监督主体，其监督权力和监督内容不同。

（一）投资者监督及其内容

各级人民政府及其部门、机构，企业法人，其他组织或者自然人等，是企业的投资者。监事会或者监事人员监督是投资者实施财务监督的重要形式。投资者的财务监督内容，可以涵盖资金筹集、资产营运、成本控制、收益分配、重组清算、信息管理等所有财务活动。但需要强调的是，投资者行使监督权力应当符合企业法人治理结构的要求，并通过特定的机构或者内部程序履行相关职责。

（二）经营者监督及其内容

企业经理、厂长或者实际负责经营管理的其他领导成员，统称为经营者。他们对企业生产经营承担直接的责任，通过内部财务控制、会计核算、内部审计、预算执行考核等方式、方法，对企业财务运行进行全方位、全过程监督，确保完成经营计划和财务目标。

在内部财务监督方面，企业可以按照法律规范或者根据其自身情况，设置内部机构或人员履行相关职责。

（三）行政机关监督及其内容

根据我国法律法规的规定，对企业财务活动履行监督职责的行政机关有：财政机关、审计机关、税务机关、银行业监管机构、保险业监管机构及证券业监管机构等。

就企业财务监督的内容而言，主管财政机关财务监督主要包括以下方面：

①监督企业按照国家统一财务规定，建立健全内部财务管理制度。

②监督企业在成本费用列支、收入确认、利润分配、国有资源处理、职工债务清偿等重大财务事项方面，遵守国家统一财务制度的规定。

③监督企业按照国家规定披露财务信息。

④监督企业影响公共利益和经济秩序的其他财务活动。

除了主管财政机关的监督以外，审计监督是企业财务行政监督的重要组成部分。审计机关对企业实施审计监督主要包括以下内容：一是检查被审计企业的会计凭证、会计账簿、财务会计报告，以及其他与财政收支、财务收支有关的资料和资产，对国有企业的资产、负债、损益进行审计，二是就审计事项的有关问题向企业及其职工进行调查，并取得有关证明材料；三是对被审计企业正在进行的违反国家规定的财务收支行为予以制止；四是对被审计企业所执行的有关财政收支、财务收支的规定与法律、行政法规相抵触的，建议有关主管部门纠正。

二、财务监督的分类

（一）根据实施企业财务监督活动的阶段不同，企业财务监督可以分为事前监督、事中监督和事后监督

1. 事前监督

事前监督是指有权监督企业财务活动的主体，对企业将要进行的财

务活动进行审核，以保证其财务活动符合法律规范及企业内部财务制度规定。事前监督有利于预防企业财务违法行为，确保企业财务按照既定目标运行。但是，由于企业财务活动的经常性和复杂性，考虑到成本效益原则，有关监督主体一般只对企业重大财务活动进行事前监督。

2. 事中监督

事中监督是指有权监督企业财务活动的主体，对企业正在进行的财务活动进行审查，以确保企业正在进行的财务活动符合法律规范及企业内部财务制度规定。事中监督主要是为了预防企业财务违法行为，并及时纠正正在进行的财务违法行为和偏离财务目标的行为。

3. 事后监督

事后监督是指有权监督企业财务活动的主体，对企业已经结束的财务活动进行审查，以确认企业已经完成的财务活动是否符合法律规范及企业内部财务制度规定，检查财务目标完成情况，并及时采取一定的补救措施，依法进行处理、奖罚的活动。

（二）根据实施主体不同，企业财务监督可以分为内部财务监督和外部财务监督

1. 内部财务监督

内部财务监督是指企业投资者、负有监督职责的企业内部机构及人员，依照法律规范以及企业内部制度的规定，对企业财务活动实施的监督检查活动。

2. 外部财务监督

外部财务监督是指国家行政机关、社会中介机构及其工作人员，依照法律规范的规定，对企业财务活动实施的监督检查活动。其中，根据实施监督的行政机关的类别不同，可以将国家行政机关依照法定职权对企业财务监督分为财政监督、审计监督、税务监督等。社会中介机构对企业财务活动的监督主要通过财务会计报告审计和资产评估的方式实施。社会中介机构对企业财务活动实施监督，提高了企业财务信息的真实性，有效保障了企业财务活动的合法性和规范性。

三、影响企业实施有效财务监督的主要因素

(一) 信息不对称性

1. 外部财务监督者（以下称为"监督者"）对经营信息获取的有限性

在现代企业，资产经营权由经营者控制。经营者具体组织日常的生产经营活动，包括市场调查、生产经营决策、生产经营计划的实施与控制等，以实现经营目标。监督者不参与经营者活动，因此对市场份额的大小与占有程度、产品的成本、质量以及其对未来的影响等实时信息知之较少，只能获取有限的历史数据，通过考评经营者的经营业绩实施监督。

2. 监督者对财务信息获取的有限性

经营者具体组织日常的财务活动，以实现所有者拟订的财务目标。虽然重大财务决策由所有者或股东大会做出，但财务决策的实施与日常的财务活动，包括一般的资金筹集和正常的资金营运活动均由经营者控制，因此日常的财务收支信息是监督者无法及时获取的，只能通过审计等手段获取有限的历史数据，考评经营者在特定的经营时期财务管理目标的实现程度。

3. 风险信息获取的有限性

监督者对经营信息、财务信息获取的有限性决定了其对企业经营风险和财务风险认知的程度与经营者认知程度的差别。一旦法律环境、经济环境、金融环境等影响因素发生变化，监督者就无法准确测定收益实现程度，难以把握现金流量，无法控制筹资风险、投资风险、资金营运风险，更无法保证债权人的利益，难以准确衡量企业资产的价值。其表现在于监督者判定的风险，与企业财务报表所披露的信息体现出的风险大小不同。这些因素导致监督者不得不将精力放在财务收支和财务状况的监督上，对于风险监督的力度减弱。

（二）经营者的利益驱动使得外部监督力度减弱

1. 追求实际报酬

经营者实际报酬的提高，包括年薪的多少与增幅大小、配置的办公设施质量的好坏、交通工具的优劣，甚至绩效股的多少都会成为经营者追求的目标。在所有者看来这些支出不可避免，但是不能超过一定的度，在经营者看来这些报酬是越高越好，因此，不惜弄虚作假通过提高经营业绩来提高其实际报酬水平，影响了企业经营目标和财务管理目标的实现。

2. 增加闲暇时间与享受度

较少的工作时间、工作时间内较多的闲暇、较小的工作强度等，成为经营者追求的目标之二，可能导致正常的生产经营活动不能很好地规划、组织和实施，资金运作的难度加大。

3. 避免风险或漠视风险

一般企业里，经营者的利益水平是确定的，其努力工作并不会得到额外的报酬，其努力程度与所得利益不匹配，而且努力行为与结果之间具有不确定性。因此，经营者总是试图避免不确定性带来的风险，希望获得稳定的报酬，这直接影响了企业的获利能力与长远发展能力。经营者为了提高自己的社会地位，也可能会设法提高其经营业绩，更好地实现企业的财务管理目标。为此，总希望最大限度地提高市场占有率从而不适当地降低成本、增加负债比率等，以提高每股收益，提高社会认可度，由此带来额外的经营风险与财务风险。由于监督者与经营者的信息不对称，监督者可能会对经营者的行为不加干涉，导致其行为目标与企业的财务管理目标背道而驰。

（三）外部制约机制不健全影响外部财务监督力度

我国企业的经营者由董事会或国有资产管理局任命，并对其负责，但对经营者的外部制约机制未能到位，使得经营者的行为目标与所有者的目标相左。对经营者的外部制约机制一般由资本市场、产品市场和经营者市场构成。

（四）知识经济对外部财务监督产生冲击

随着知识经济时代的到来，电子技术的迅猛发展与应用、新的经营方式的出现、先进的管理理念的研究与应用、产品的技术含量的不断提高、交易方式的多维性变化等因素的变化，导致外部财务监督的难度空前加大。相关财务监督主体不得不追赶时代的潮流，采用先进的监督手段，但由于知识的爆炸性与获取的有限性，总是滞后于科技发展与社会经济发展的速度，因此，外部监督力度更加弱化。

第二节　财务控制

财务控制是指在财务管理过程中，按规定标准通过财务工作对财务活动施加影响或进行调节，以便实现财务战略目标。

一、财务控制的特征

（一）财务控制是一种综合控制

财务控制不仅可以将各种不同性质的业务综合起来进行控制，也可以将不同岗位、不同部门、不同层次的业务活动综合起来进行控制。财务控制的综合性最终表现为其控制内容都归结为资产、利润、成本这些综合价值指标上。

（二）财务控制是一种价值控制

财务控制以财务预算为标准，财务预算所包括的现金预算、预计利润表和预计资产负债表，都是以价值形式予以反映的，财务控制也是借助价值手段进行的，无论责任预算、责任报告、业绩考核，还是企业内部各机构和人员之间的相互制约关系都需借助价值指标或内部转移价格。

（三）财务日常控制以现金流量控制为目的

日常的财务活动过程表现为一个组织现金流量的过程，为此，企业要编制现金预算，作为组织现金流量的依据。企业要编制现金流量表，作为评估现金流量状况的依据。

二、财务控制的功能

企业财务控制是对企业活动进行约束和调节，使之按设定的目标和轨迹运行的过程，因此它有两大功能：一是对企业财务流动进行监督，二是对企业财务活动进行调节。

对企业财务活动进行监督，是指保持企业财务活动按照企业财务计划运行，并随时揭示实际与计划的偏差，为调节财务活动提供依据。对企业财务活动进行调节，是指对企业财务活动实际与计划的偏差进行的纠正。

对企业财务活动的监督和调节是密切相关的。对企业财务活动进行监督，是对企业财务活动调节的前提，离开了对财务活动的监督，对财务活动的调节也就失去了依据；对企业财务活动进行调节，是实现企业财务活动监督目的的必要手段。二者对立统一地贯彻于企业财务控制的整个过程之中。

三、财务控制的原则

(一) 约束与调节相结合的原则

约束就是以财务预算、制度为依据对财务活动及财务行为实施限制，使之符合预定的标准和规范。调节则是当实际偏离标准或规范时，采取适当措施予以调整或纠正。约束与调节是财务控制的两项基本职能，也是财务控制过程的两个基本环节，两者相辅相成，缺一不可。因此要有效实施财务控制，必须正确处理约束与调节的关系，实现两者的合理结合。依据该原则要求，公司不仅要健全预算管理体系，完善内部管理制度，而且要建立一套完善的差异分析和调节办法，并严格执行调节程序。

(二) 责、权、利相结合的原则

公司财务控制过程是一个以特定的指标为责任，以相应的权力为条件，以一定的经济利益为动力的能动行为过程，财责、财权和财利是实施财务控制所必需的三个基本要素，缺一不可。因此，要有效地实施财务控制，必须遵循责、权、利相结合的原则。按照该项原则，在对各控制主体落实财务责任的同时，应赋予其相应的权力，同时，建立一套完善的责任考核与奖惩办法，做到客观考核、奖罚分明。

（三）系统性原则

公司财务控制是公司财务管理系统的一个子系统，是一项复杂的系统工程。因此，要有效地实施财务控制，必须遵循系统性原则。依据该项原则要求，财务控制应做到层层有指标、环环有控制。并且在控制指标上应体现与控制目标相一致，即财务指标应是控制目标层层分解所形成的，是总体控制目标在各个层次上的分目标，是总体中的个体；在财务控制行为上则应体现与财务目标相协调，即每项财务行为都应是在总体目标约束下的个体行为，能体现实现总体财务的要求，防止因行为目标不一而导致控制低效或无效。

四、财务控制的内容

财务控制的内容是财务控制对象的具体化。财务控制的基本内容是指资金、成本费用和利润。

（一）资金控制

资金控制即对资金的筹集和运用的控制。它包括筹集资金控制、投出资金控制和运用资金控制。筹集资金控制是指按照筹资预算合理地筹集企业所需要的资金，其控制内容包括质、量、时间三个方面。质是指筹资条件和筹资成本，不同的资金来源具有不同的条件和不同的成本。筹资条件是指出资人对资金投放的要求，包括使用范畴的限制，使用时间的限制，使用区域的限制，及其他一些附加条件。筹资成本是指资金的筹集费用和使用费。筹资的量是指筹资的数量是否符合预算。筹资时间控制的目的在于筹资时间应与用资时间基本一致。在筹资过程中，应综合考虑以上三个影响筹资效果的因素，加以控制，做到筹集到的资金条件优惠，数量适中，时间吻合。

投出资金控制包括投资方向的选择、投出资金数量的控制和投出资金时间的控制。投资方向的选择应按财务预算决策方案的要求，首先考虑投资效益比较好的项目。投资有对外投资和对内投资之分，对外投资按照形式不同又可分为联营投资、购买股票和债券等，对内投资可以分为长期投资和短期投资。不管是对外投资还是对内投资，效益是首先考虑的问题。投出资金数量的控制是指投出资金的数量应符合预算要求，否则就会影响其他投资项目或影响该投资项目的质量。投出资金时间控制的目的在于既要做到资金按期到位，又要尽量节约资金，既不提前又不拖后。

运用资金的控制包括资金结构的控制、资金周转速度的控制和资金周转效益的控制。资金结构是指长期债务和所有者权益的比例。资金结构的控制主要包括以下几个方面：

①负债与所有者权益的比例应当恰当，一般认为，企业欠债比率越高，风险越大。

②各种资产所占比例，不同的企业各项资产所占比例有不同要求，制造业固定资产所占比例较大，流动资产所占比例偏低，流通企业则反之。

③资产与负债和所有者权益要适应，即速动比率、流动比率要符合常规。

资金周转速度的控制。周转效益来源于速度，一般认为，资金周转速度越快，资金周转效益越好，因此要加速资金周转，但这并不排除在一定条件下，推迟收款时间，松弛信用政策，这是由资产占用的波动性、变动性所决定的。也就是说，当企业资金出现暂时宽松时，可通过延长收款期限为企业谋求利益。

资金周转效益的控制。加速资金周转是提高资金使用效益的手段，并非目的，也就是说，在资金利润率为正值的情况下，加速资金周转可以提高资金使用效益。因此在资金利润率为正值的情况下，应通过加速资金周转，实现较多的收益。

（二）成本费用的控制

成本费用的控制是指生产经营过程中，依据有关标准，对实际发生的生产费用进行严格的监督，及时发现和纠正偏差，把各种耗费限制在预先确定的范围之内的一项管理工作。

成本控制按其内容不同，可分为制造成本控制和非制造成本控制。制造成本控制包括材料费用控制、人工费用控制和制造费用控制。

1. 材料费用控制

材料费用包括原材料、辅助材料、燃料、低值易耗品等的费用，主要由供应部门归口管理。这部分费用在成本中占有较大比重，所以，有效地控制材料费用，对降低成本有重要作用。

严格材料的采购和验收入库。材料采购要严格按材料采购计划、采购合同或协议进行，按规定的原材料品种、规格、数量以及合理的价格，分批、及时地采购，以保证生产的需要。

采购材料要及时验收入库。材料经过验收，从数量、质量和价格上符合规定的才能办理入库手续，填制收料单，计算材料的实际成本。

实行定额领发材料。在材料消耗定额制定以后，仓库应严格执行发放定额。材料发放一般实行领料制和送料制，按材料消耗定额领发材料，对原材料、燃料和动力，实行限额领料，由供应部门依据生产计划和材料消耗定额，确定各车间或班组的领料在规定限额内，分期分批从仓库领料。经批准增加生产数量，可相应增加领料限额，出现废品需要增加领料时要查明原因，明确责任，经批准后才能补发。对不便制定消耗定额的一般辅助材料，实行金额控制，由供应部门按月根据生产计划、上年实际消耗量和节约要求，确定各车间或班组的消耗金额，作为该类材料的控制指标，车间或班组按辅助材料的金额限额填制费用手册，据以向仓库领用。

节约使用材料。降低材料或成本的关键是节约使用原材料，节约使用材料，不仅使单位产品消耗材料减少，降低材料成本，而且节约原材料还可以增加产量。因此，企业应千方百计节约材料消耗。如采用集中下料办法，套材下料；利用边角余料，使其物尽其用；避免优材劣用，大材小用；开展综合利用，变一用为多用，变小用为大用，变无用为有用；回收和利用废旧物资，注意改革产品设计，既提高产量、质量，又节约材料。

为了有效地控制材料成本，节约原材料耗用，还应建立严密的考核制度，分析实际脱离计划原因。实际脱离计划有几种情况：①工作制度不健全；②机器失灵；③原材料本身问题；④工作人员疏忽。原因找出之后，应在分析报告中具体说明，并对每一原因所引起的损失，用金额来表示，同时举出改进理由和方法。

价格差异一般是外来因素，不便控制。一般有以下原因：①经济采购量实施；②运输方式；③包装方式；④供货来源。

2. 人工费用控制

人工费用也是生产成本的一项重要内容，应加强控制。

编制工资费用预算，是进行人工费用控制的依据。企业可根据有关劳动工资政策、计划年度劳动定额、职工人数变动、工资等级变化、工资标准、生产任务和劳动生产率水平，并根据奖金和津贴的标准，编制按季分月的年度费用计划。

工资费用预算编竣工后，应认真贯彻执行。在执行中，要贯彻国家规定的工资政策，严格控制工资开支范围。工资开支范围包括计时工资、计件工资、经常性奖金、工资性津贴。

企业计算和支付职工工资，要严格审核作为工资计划依据的原始记录。原始记录包括职工人数、考勤记录和产量记录等。职工人数包括在职职工人数，增加和减少的职工人数，职工工资的等级及其变动情况；考勤记录包括职工出勤和缺勤的记录；产量记录包括职工和班组在考勤时间完成的产量或定额工时。

列入预算的工资费用，由于其资金来源不同，计入账户也不同，有的计入生产成本，有的计入期间成本。

人工费用控制的重点在于劳动效率。应加强对人工费用的控制，除准确计算工时定额外，还应经常对照实际发生额和定额。实行分批成本制度的企业，可将标准和实际时间分别列在记工单上，并注明差异的原因，以便改进。

时间差异，通常由领班负责。他们根据收到的日报资料，采取改进行为。同时，他们还必须向其主管报告差异原因、补救办法和改进的结果。主管可利用周报、月报，以明悉厂内整体效率状况，各部门效率高低情况，分析其可控制范围，确定其责任所在，并研究其改进措施。

3. 制造费用控制

制造费用是一种间接费用，其分摊、归属和控制，都比直接材料和直接人工复杂，归纳起来主要原因如下：

①在制造费用的种种项目中，除了部门间接材料、间接人工和动力等少数项目外，都无法用科学或精密方法衡量在一定的产量或一定的工作时间下，究竟需要多少成本。

②由于费用项目较多，成本责任的牵扯面较广，在成本计算过程中，各项费用必须经过辗转分摊，最后归集到生产成本账户，账面上成本资料往往难以确定其发生的责任。

基于以上原因，应较多地掌握控制时机，这个时机主要是在制造费用发生之前和发生当时，前者称为营运控制，后者称为财务控制。

营运控制包括事前控制和实地观察。事前控制主要指编制制造费用预算。实地观察是指工人、领班和其他主管人员，应随时注意预算限额和实际开支情况，控制成本在未开支前。若干费用项目如部分间接材料、间接人工和劳动力等有控制标准的，应严格控制。

财务控制是指对重要的费用项目，应及时收集有关方面的资料，编制日报或周报，供基层管理人员作为控制依据。按月编制弹性预算，比较预算与实际成本差异，并依各主管控制责任，加以划分，供中层人员作为控制依据。分析预算差异的效率差异，供高层人员作为控制依据。

以上营运控制和财务控制，必须配合运用/在小规模企业实施营运控制，可以减少浪费，但在大规模企业，财务控制尤为重要。

4. 非制造成本控制

非制造成本控制也称期间成本，是指制造成本以外的一切成本，包括管理费用、销售费用和财务费用。

管理费用依据发生情况不同，采用不同的控制方法。

管理人员工资、租金、折旧，其开支额较为固定，每月可按标准编制预算，遇有特殊情况时，可予以加列。

捐赠、坏账准备金提取，仅在特殊月份内发生，应列入发生月份的预算内。

差旅费、咨询费、税捐等，每年控制一定金额，用毕为限。为便于控制，应以全年预算为基础，依上列各种情况，编制分月预算，同时，按成本责任预算，在实施责任会计的情况下，会计科目的设置，应和部门或职能划分相配合，通过实际和预算比较，找出差异，并确定差异归属。

编制预算以后，主要是依据预算加以控制。管理费用不同于制造成本，没有逐日规则性的成本支出，因此，应在费用发生前实时控制。例如，职工进退、工资标准，由劳动人事部门核准，管理用设备在资本支出时核准，捐赠、公费在支付前核准。

管理费用控制的实际执行也和其他费用一样，分为营运控制和财务控制。营运控制包括工作计划、费用预算、严密组织、权责划分、工作激励，以及实地观察。财务控制主要指实际与预算比较，确定差异，落实责任。

销售费用在整个制销成本中占有较大比重，随着商业竞争的日益激烈，销售费用所占比重也会不断增加。

在成本管理方面，迄今为止，制造成本的控制已总结出较成功的经验，效果比较显著，因为制造成本有材料耗用数量、人工时间、产品数量可以衡量，有成本材料可供比较。在销售费用方面，工作人员治理的对象不是机器、工具、材料等一些有形物体，而是建立产品信誉，争取消费者，所以没有客观的衡量标准，因此单位成本的意义并不重要。

销售费用的控制一般是通过对支出的核准进行的。例如，职工名额的增减、各员工工资标准的核定，应由销售经理核准，租金应以租赁合同核准，办公用品应由领导核准，捐赠应列入预算或由地区销售经理核准。

财务费用包括筹资费用、用资费用和汇兑损失。其控制重心在于正确选择筹资渠道，合理使用资金，加速资金周转速度，减少资金占用量。财务费用的控制依据是财务费用预算。

(三) 利润控制

利润控制是指对营业收入、利润的形成及其分配的控制。

营业收入的控制方法如下：

协助销售部门认真履行销售合同，组织商品计划的编制和执行。认真履行销售合同是生产经营活动正常进行的条件。履行销售合同，编制季度和月份发出商品计划，使企业的发货计划和生产作业计划联系起来，以便生产的安排与销售合同要求的发货进度相结合。

及时办理结算，尽快取得销售货款。销售货款的结算一般由财务部门统一办理，产品发运之后，财务部门应及时办理结算，收回货款。对未按时偿还的货款，应与销售部门和银行密切配合，分别不同情况进行处理。

认真做好让利销售的财务决策，扩大商品销售额，加速资金周转，提高资金利用效率。

企业为了完成利润预算，必须实行利润的目标管理，建立和健全利润目标责任制。利润目标责任制是根据企业内部各部门、单位和各级人员在利润管理中的地位和作用，将企业的利润指标实行分解，并分别下达给各职能部门、基层单位，实行利润的分级分口管理。规定各部门和单位为完成企业利润指标应承担的责任和完成或超额完成利润指标应获得的经济利润。

实行利润的目标管理，要严格控制利润标准。利润控制标准既是实行目标利润的保证，又是各责任单位的奋斗目标。企业的利润控制标准要按照可控的原则，层层落实、逐级下达。

利润分配的控制是指企业的利润总额在做有关调整之后，才能作为计算应交所得税的计税依据。在调整项目中，有的是调增，有的是调减，要严格遵守财政部规定的调整范围。计算出应税所得额后，要按照税法，足额缴纳所得税，正确处理国家和企业的经济关系。

五、财务控制的模式

财务控制的模式指构成财务控制系统的各项要素之间的结合范式。

一般而言，公司的管理特点不同，管理要求不同，其拟采取的财务控制模式也不同。这里就一般情况下的财务控制模式予以抽象描述。

公司财务控制过程从本金价值运动的角度看，是一个预算管理过程，包括预算的制订和分解、差异的反馈与调节、业绩的报告与考核等；从财务行为方面看，则是一个制度控制过程，包括制度的制定、颁布和执行等。要有效地实施公司财务控制，关键是做好两个方面的工作，即财务预算控制和财务制度控制。

第三节　责任中心财务控制

建立责任中心、编制和执行责任预算、考核和监控责任预算的执行情况是企业实行财务控制的一种有效的手段，又称为责任中心财务控制。

责任中心就是承担一定经济责任，并享有一定权力和利益的企业内部单位。

企业为了实行有效的内部协调与控制，通常都按照统一领导、分级管理的原则，在其内部合理划分责任单位，明确各责任单位应承担的经济责任、应有的权利，促使各责任单位尽其责任协同配合实现企业预算总目标。同时，为了保证预算的贯彻落实和最终实现，必须把总预算中确定的目标和任务，按照责任中心逐层进行指标分解，形成责任预算，使各个责任中心据以明确目标和任务。

责任预算执行情况的揭示和考评可以通过责任会计来进行。责任会计围绕各个责任中心，把衡量工作成果的会计同企业生产经营的责任制紧密结合起来，成为企业内部控制体系的重要组成部分。由此可见，建立责任中心是实行责任预算和责任会计的基础。

一、责任中心的特征

责任中心通常具有以下特征：

（一）责任中心具有承担经济责任的条件

它有两方面的含义：

①责任中心要有履行经济责任中各条款的行为能力。

②责任中心一旦不能履行经济责任，只能对其后果承担责任。

（二）责任中心所承担的责任和行使的权利都应是可控的

每个责任中心只能对其责权范围内可控的成本、收入、利润和投资负责，在责任预算和业绩考评中也只应包括它们能控制的项目。可控是相对于不可控而言的，不同的责任层次，其可控的范围并不一样。一般而言，责任层次越高，其可控范围也就越大。

（三）责任中心具有相对独立的经营业务和财务收支活动

它是确定经济责任的客观对象，是责任中心得以存在的前提条件。

（四）责任中心便于进行责任会计核算或单独核算

责任中心不仅要划清责任而且要单独核算，划清责任是前提，单独核算是保证。只有既划清责任又能进行单独核算的企业内部单位，才能作为一个责任中心。

根据企业内部责任中心的权责范围及业务活动的特点不同，责任中心可以分为利润中心、成本中心和投资中心三大类型。

（五）责任中心是一个责权利结合的实体

它意味着每个责任中心都要对一定的财务指标承担完成的责任，同时，赋予责任中心与其所承担责任的范围和大小相适应的权利，并规定相应的业绩考核标准和利益分配标准。

二、责任中心的类型和考核指标

（一）利润中心

利润中心往往处于企业内部的较高层次。利润中心与成本中心相比，其权利和责任都相对较大，它不仅要降低成本，而且更要寻求收入的增长，并使之超过成本的增长。换言之，利润中心对成本的控制是联系着收入进行的，它强调相对成本的节约。

1. 利润中心的类型

利润中心分为自然利润中心和人为利润中心两种。

①自然利润中心是指可以直接对外销售产品并取得收入的利润中心。这种利润中心直接面对市场，具有产品销售权、价格制订权、材料采购权和生产决策权。它虽然是企业内部的一个部门，但其功能同独立企业相近。最典型的形式就是公司内部的事业部，每个事业部均有销售、生产、采购的功能，有很大的独立性，能独立地控制成本并取得收入。

②人为利润中心是指在企业内部，按照内部结算价格将产品或劳务提供给本企业其他责任中心取得"内部销售收入"的责任中心。这类利润中心的产品主要在本企业内部转移，一般不直接对外销售。作为人为利润中心应具备两个条件：一是可以向其他责任中心提供产品；二是能合理确定产品的内部转移价格，以实现公平交易、等价交换。由于人为利润中心能够为其他成本中心相互提供产品或劳务并规定一个适当的内部转移价格，使得这些成本中心可以取得收入进而评价其收益，因此，大多数成本中心都能转化成人为利润中心。

2. 利润中心的成本计算

利润中心对利润负责，必然要考核和计算成本，以便正确计算利润，作为对利润中心业绩评价与考核的可靠依据。对利润中心的成本计算，通常有两种方式可供选择。

①利润中心只计算可控成本，不分担不可控成本，亦即不分摊共同成本。这种方式主要适应于共同成本难以合理分摊或无须进行共同成本分摊的场合，按这种方式计算出的营利不是通常意义上的利润，而相当于"边际贡献总额"。企业各利润中心的"边际贡献总额"之和，减去未分配的共同成本，经过调整后才是企业的利润总额。采用这种成本计算方式的"利润中心"实质上已不是完整和原来意义上的利润中心，而

是边际贡献中心。人为利润中心适宜采取这种计算方式。

②利润中心不仅计算可控成本，也计算不可控成本。这种方式适合共同成本易于合理分摊或不存在共同成本分摊的场合。这种利润中心在计算时，如果采用变动成本法，应先计算出边际贡献，再减去固定成本，才是税前利润；如果采用完全成本法，利润中心可以直接计算出税前利润。各利润中心的税前利润之和，就是整个企业的利润总额。自然利润中心适宜采取这种计算方式。

3. 利润中心的考核指标

利润中心的考核指标为利润，通过比较一定期间实际实现的利润与责任预算所确定的利润，可以评价其责任中心的业绩。但由于成本计算方式不同，各利润中心的利润指标的表现形式也不相同。

①当利润中心不计算共同成本或不可控成本时，其考核指标是利润中心边际贡献总额，该指标等于利润中心销售收入总额与可控成本总额的差额。值得说明的是，如果可控成本中包含可控固定成本，就不完全等于变动成本总额。但一般而言，利润中心的可控成本是变动成本。

②而当利润中心计算共同成本或不可控成本，并采取变动成本法计算成本时，其考核指标包括：利润中心边际贡献总额、利润中心负责人可控利润总额、利润中心可控利润总额等。

为了考核利润中心负责人的经营业绩，应针对经理人员的可控成本费用进行评价和考核。这就需要将各利润中心的固定成本区分为可控成本和不可控成本。主要考虑有些成本费用可以划归、分摊到有关利润中心，却不能为利润中心负责人所控制，如广告费、保险费等。在考核利润中心负责人业绩时，应将其不可控的固定成本从中剔除。

(二) 成本中心

成本中心是对成本或费用承担责任的责任中心。成本中心一般包括负责产品生产的生产部门、劳务提供部门以及给予一定费用指标的管理部门。

成本中心的应用范围最广，从一般意义出发，企业内部凡有成本发生，需要对成本负责，并能实施成本控制的单位，都可以成为成本中心。工业企业，上至工厂，下至车间、工段、班组，甚至个人都有可能成为成本中心。成本中心的规模不一，多个较小的成本中心共同组成一个较大的成本中心，多个较大的成本中心又能共同构成一个更大的成本中心，从而在企业中形成一个逐级控制，并层层负责的成本中心体系。规模大小不一和层次不同的成本中心，其控制和考核的内容也不尽相同。

1．成本中心的类型

成本中心分为技术性成本中心和酌量性成本中心。

（1）技术性成本中心

技术性成本是指发生的数额通过技术分析可以相对可靠地估算出来的成本，如产品生产过程中发生的直接材料、直接人工、间接制造费用等。其特点是这种成本的发生可以为企业提供一定的物质成果。投入量与产出量之间有着密切的联系。技术性成本可以通过弹性预算予以控制。

（2）酌量性成本中心

酌量性成本是否发生以及发生数额的多少是由管理人员的决策所决定的，主要包括各种管理费用和某些间接成本项目，如研究开发费用、广告宣传费用、职工培训费用等。这种费用的发生主要是为企业提供一定的专业服务，一般不能直接产生可以用货币计量的成果。投入量与产出量之间没有直接关系。酌量性成本的控制应着重于预算总额的审批上。

2．成本中心的特点

（1）成本中心只考评成本费用而不考评收益

成本中心一般不具备经营权和销售权，其经济活动的结果不会形成可以用货币计量的收入，有的成本中心可能有少量的收入，但总体上讲，其产出与投入之间不存在密切的对应关系，因而，这些收入不作为主要的考核内容，也不必计算这些货币的收入。概括地说，成本中心只以货币形式计量投入，不以货币形式计量产出。

（2）成本中心只对可控成本承担责任

成本费用依其责任主体是否能控制分为可控成本与不可控成本。凡是责任中心能控制其发生及其数量的成本称为可控成本，凡是责任中心不能控制其发生及其数量的成本称为不可控成本。具体来说，可控成本必须同时具备以下四个条件：一是可以预计，即成本中心能够事先知道将发生哪些成本以及在何时发生。二是可以计量，即成本中心能够对发生的成本进行计量。三是可以施加影响，即成本中心能够通过自身的行为来调节成本。四是可以落实责任，即成本中心能够将有关成本的控制责任分解落实，并进行考核评价。凡不能同时具备上述四个条件的成本通常为不可控成本。属于某成本中心的各项可控成本之和即构成该成本中心的责任成本。从考评的角度看，成本中心工作成绩的好坏，应以可控成本作为主要依据，不可控成本核算只有参考意义。在确定责任中心的成本责任时，应尽可能使责任中心发生的成本成为可控成本。

在责任控制中，应尽可能把各项成本落实到各成本中心，使之成为各成本中心的可控成本。而对那些一时难以确认为某一特定成本中心的可控成本，则可以通过各种方式与有关成本中心协商，共同承担风险。对确实不能确认为某一成本中心的成本费用，则由企业控制或承担。

值得说明的是，成本不仅可按可控性分类，也可按其他标志分类。一般说来，成本中心的变动成本大多是可控成本，而固定成本大多是不可控成本。但也不是完全如此，还应结合有关情况具体分析。管理人员工资属固定成本，但其发生额可以在一定程度上为部门负责人所决定或影响，因而，也可能作为可控成本，从成本的发生同各个成本中心的关系来看，各成本中心直接发生的成本是直接成本，其他部门分配的成本是间接成本。一般而言，直接成本大多是可控成本，间接成本大多是不可控成本。尽管如此，也要具体情况具体分析，一个成本中心使用的固定资产所发生的折旧费是直接成本，但不是可控成本。从其他部门分配来的间接成本又可分为两类：一类是某些服务部门为生产部门提供服务，只为生产部门正常开展生产活动提供必要的条件，与生产活动本身并无直接联系，如人事部门所提供的服务；另一类是某些服务部门提供的服务是生产部门在生产中耗用的，可随生产部门的生产需要而改变，如动力电力部门提供的服务。一般而言，前一种间接成本属于不可控成本，后一种间接成本如果采用按各成本中心实际耗用量进行分配，就是各成本中心的可控成本。

（三）投资中心

投资中心是指既对成本、收入和利润负责，又对投资效果负责的责任中心。投资中心同时也是利润中心。

1. 投资中心与成本中心、利润中心的关系

由于投资的目的是获取利润，因而投资中心同时也是利润中心，但两者又有区别：投资中心拥有投资决策权，即能够相对独立地运用其所掌握的资金，有权购置和处理固定资产，扩大或缩小生产能力；而利润中心没有投资决策权，它是在企业确定投资方向后进行的具体经营。

投资中心是分权管理模式的最突出表现，它在责任中心中处于最高层次，具有最大的经营决策权，也承担着最大的责任。在组织形式上，成本中心基本上不是独立的法人，利润中心可以是也可以不是独立的法人，但投资中心基本上都是独立的法人。

2. 投资中心的考核指标

为了准确地计算各投资中心的经济效益，应该对各投资中心共同使用的资产划定界限；对共同发生的成本按适当的标准进行分配；各投资中心之间相互调剂使用的现金、存货、固定资产等均应计息清偿，实行有偿使用。在此基础上，根据投资中心应按投入产出之比进行业绩评价与考核的要求，除考核利润指标外，更需要计算和分析投资利润率和剩余收益。

投资利润率的主要优点是能促使管理者像控制费用一样地控制资产占用或投资额，综合反映一个投资中心全部经营成果。但是该指标也有其局限性。一是世界性的通货膨胀，使企业资产账面价值失真、失实，以致相应的折旧少计，利润多计，使计算的投资利润率无法揭示投资中心的实际经营能力。二是使用投资利润率往往会造成投资中心的近期目标与整个企业的长远目标相背离。各投资中心为达到较高的投资利润率，可能会采取减少投资的行为。三是投资利润率的计算与资本支出预算所用的现金流量分析方法不一致，不便于投资项目建成投产后与原定

目标的比较。四是从控制角度看，由于一些共同费用无法为投资中心所控制，投资利润率的计量不全是投资中心所能控制的，应采用剩余收益作为评价指标。

剩余收益是指投资中心获得的利润扣减其最低投资收益后的余额。最低投资收益是投资中心的投资额按规定的投资报酬率计算的收益，而规定的投资报酬率一般指企业各投资中心的平均投资报酬率或预期的最低报酬率。

三、责任预算、责任报告与业绩考核

(一) 责任预算

责任预算是指以责任中心为主体，以可控成本、收入、利润和投资等为对象编制的预算。它是企业总预算的补充和具体化。

责任预算的编制程序有两种：

①以责任中心为主体，将企业总预算在各责任中心之间层层分解而形成各责任中心的预算。它的实质是由上而下实现企业总预算目标。这种自上而下、层层分解指标的方式是一种常用的预算编制程序。其优点是使整个企业浑然一体，便于统一指挥和调度。不足之处是可能会遏制责任中心的积极性和创造性。

②各责任中心自行列示各自的预算指标、层层汇总，由企业专门机构或人员进行汇总和调整，确定企业总预算。这是一种自下而上、层层汇总、协调的预算编制程序，其优点是有利于发挥各责任中心的积极性，但往往各责任中心只注意本中心的具体情况或多从自身利益角度考虑，容易造成彼此协调困难、互相支持少，以致影响企业的总体目标。

责任预算的编制程序与企业组织机构设置和经营管理方式有着密切关系。因此，在集权组织结构形式下，公司最高层管理机构对企业的所有成本、收入、利润和投资负责，既是利润中心，也是投资中心。而公司下属各部门、各工厂、各车间、各工段、各地区都是成本中心，它们只对其权责范围内控制的成本负责。因此，在集权组织结构形式下，首先要按照责任中心的层次，从上至下把公司总预算逐层向下分解，形成各责任中心的责任预算，然后建立责任预算执行情况的跟踪系统，记录预算执行的实际情况，并定期由下至上把责任预算的实际执行数据逐层汇总，直到最高层的投资中心。

在分权组织结构形式下，经营管理权分散在各责任中心，公司下属各部门、各工厂、各地区等与公司自身一样，可以都是利润中心或投资中心，它们既要控制成本、提高收入和利润，也要对所占用的全部资产负责。在它们之下，还有许多只对各自所控制的成本负责的成本中心。在分权组织结构形式下，首先也应该按照责任中心的层次，将公司总体预算从最高层向最底层逐级分解，形成各责任中心的责任预算。然后建立责任预算的跟踪系统，记录预算执行情况，并定期从最基层责任中心把责任成本和收入的实际情况，通过编制业绩报告逐级向上汇总。

(二) 责任报告

责任报告是对各个责任中心执行责任预算情况的系统概括和总结。

责任报告亦称业绩报告、绩效报告，它是根据责任会计记录编制的反映责任预算实际执行情况，揭示责任预算与实际执行差异的内部会计报告。责任中心的业绩评价和考核应通过编制责任报告来完成。

责任报告的形式主要有报表、数据分析和文字说明等。将责任预算、实际执行结果及其差异用报表予以列示是责任报告的基本形式。在揭示差异时，还必须对重大差异予以定量分析和定性分析。定量分析旨在确定差异的发生程度，定性分析旨在分析差异产生的原因，并根据这些原因提出改进建议。

在企业的不同管理层次上，责任报告的侧重点应有所不同。最低层次的责任中心的责任报告应当最详细，随着层次的升高，责任报告的内容应以更为概括的形式来表现。这一点与责任预算的由上至下分解过程不同，责任预算是由总括到具体，责任报告则是由具体到总括。责任报告应能突出产生差异的重要影响因素。

根据责任报告，可进一步对责任预算执行差异的原因和责任进行具体分析，以充分发挥反馈作用，使上层责任中心和本责任中心对有关生产经营的活动实行有效的控制和调节，促使各个责任中心根据自身特点，卓有成效地开展有关活动以实现责任预算。

为了编制各责任中心的责任报告，必须进行责任会计核算，即要以责任中心为对象组织会计核算工作，具体做法有两种。一种做法是由各责任中心指定专人把各中心日常发生的成本、收入以及各中心相互间的结算和转账业务记入单独设置的责任会计的编号账户内，然后根据管理需要，定期计算盈亏。因其与财务会计分开核算，称为"双轨制"。另一种做法是简化日常核算，不另设专门的责任会计账户，而是在传统财务会计的各明细账户内，为各责任中心分别设户进行登记、核算，这称为"单轨制"。

（三）责任业绩考核

责任业绩考核是以责任报告为依据，分析、评价各责任中心责任预算的实际执行情况，找出差距，查明原因，借以考核各责任中心的工作成果，实施奖罚，促使各责任中心积极纠正行为偏差，完成责任预算的过程。

责任中心的业绩考核有狭义和广义之分。狭义的业绩考核仅指对各责任中心的价值指标的完成情况进行考评。广义的业绩考评除这些价值指标外，还包括对各责任中心的非价值责任指标的完成情况进行考核。

1. 成本中心业绩考核

成本中心没有收入来源，只对成本负责，因而也只考核其责任成本。由于不同层次成本费用控制的范围不同，计算和考评的成本费用指标也不尽相同，越往上一层次计算和考评的指标越多，考核内容也越多。

成本中心业绩考核是以责任报告为依据，将实际成本与预算成本或责任成本进行比较，确定两者差异的性质、数额以及形成的原因，并根据差异分析的结果，对各成本中心进行奖罚，以督促成本中心努力降低成本。

2. 利润中心业绩考核

利润中心既对成本负责，又对收入和利润负责，在进行考核时，应以销售收入、边际贡献和息税前利润为重点进行分析、评价。特别是应通过一定期间实际利润与预算利润进行对比，分析差异及其形成原因，明确责任，借以对责任中心的经营得失和有关人员的功过做出正确评价和奖罚。

在考核利润中心业绩时，也只是计算和考评本利润中心权责范围内的收入和成本。凡不属于本利润中心权责范围内的收入和成本，尽管已由本利润中心实际收进或支付，仍应予以剔除，不能作为本利润中心的考核依据。

3．投资中心业绩考核

投资中心不仅要对成本、收入和利润负责，还要对投资效果负责。因此，投资中心业绩考核，除收入、成本和利润指标外，考核重点应放在投资利润率和剩余收益两项指标上。

从管理层次看，投资中心是最高一级的责任中心，业绩考核的内容或指标涉及各个方面，是一种较为全面的考核。考核时通过将实际数与预算数的比较，找出差异，进行差异分析，查明差异的成因和性质，并据以进行奖罚。由于投资中心层次高、涉及的管理控制范围广，内容复杂，考核时应力求原因分析深入、依据确凿、责任落实具体，这样才可以实现考核的目的。

第六章　财务风险管理

第一节　财务风险管理概述

一、企业风险管理的组织体系

企业应建立健全的风险管理组织体系，主要包括规范的公司法人治理结构，风险管理职能部门、内部审计部门和法律事务部门以及其他有关职能部门、业务单位的组织领导机构及其职责。

企业应建立健全规范的公司法人治理结构，股东会、董事会、监事会、经理层依法履行职责，形成高效运转、有效制衡的监督约束机制。

监事会下设风险审计委员会，负责集团整体风险监测，风险管理效果评价，督促建立有效的风险管理机制和组织体系，对董事会成员、中高层管理人员、关键岗位人员的道德风险进行监测，必要时可自行决定聘用审计师。

高级管理层可以下设风险执行委员会和设立独立于上述经营管理系统之外的稽核系统。监控辖内所有机构和业务的风险。

同时，企业还应建立外部董事、独立董事制度，外部董事、独立董事人数应超过董事会全部成员的半数，以保证董事会能够在重大决策、重大风险管理等方面做出独立于经理层的判断和选择。

（一）独立董事

独立董事对上市公司及全体股东负有诚信与勤勉义务。独立董事应当按照相关法律法规和公司章程的要求，认真履行职责，维护公司整体利益，尤其要关注中小股东的合法权益不受损害。独立董事应当独立履行职责，不受上市公司主要股东、实际控制人或者其他与上市公司存在利害关系的单位或个人的影响。独立董事原则上最多在 5 家上市公司兼任独立董事，并确保有足够的时间和精力有效地履行独立董事的职责。

1. 独立董事在董事会中的法律特征

（1）独立性

一是法律地位的独立。独立董事是由股东大会选举产生，他作为全体股东合法权益的代表，独立享有对董事会决议的表决权和监督权；二是意愿表示独立。独立董事因其不拥有公司股份，不代表任何个别大股东的利益，不受公司经理层的约束和干涉，同时也和公司没有任何关联业务和物质利益关系。因此，他能以公司整体利益为重，对董事会的决策做出独立的意愿表示。

（2）客观性

独立董事拥有与股份公司经营业务相关的经济、财务、工程、法律等专业知识，勤勉敬业的执业道德，一定的经营管理经验和资历，以其专家型的知识层面影响和提高了董事会决策的客观性。

（3）公正性

与其他董事相比而言，独立董事能够在一定程度上排除股份公司所有人和经理人的"权""益"干扰，代表全体股东的呼声，公正履行董事职责。

独立性是独立董事的基本法律特征，客观性和公正性都产生于独立性的基础之上，而客观性和公正性又保证了独立董事在股份公司董事会中依法履行董事职务的独立性。

2. 独立董事制度在企业风险管理方面的作用

（1）提高了董事会对股份公司的决策职能

独立董事以其具有的专业技术水平、经营管理经验和良好的执业道德，受到广大股东的信任，被股东大会选举履行董事职责，提高了董事会的决策职能，独立董事制度的确立，改变了股份公司董事会成员的利益结构，弥补了向国有资产管理部门、投资机构推荐或委派董事的缺陷和不足。独立董事制度改变了董事会内部的利益比例结构，使董事会决策职能被大股东控制的现象得以有效制衡。

（2）有利于股份有限公司两权分离，完善法人治理机制

股份公司实现所有权与经营权的分离。所有权与决策权分离的关键，就是如何在建立和完善适应两者之间相互制衡的法律制度的基础上，保护股份公司的整体利益。同时，这也是现代公司制度的精髓所在，是股份制公司推动社会主义市场经济发展和科学进步的组织保证。

独立董事制度改变了由政府任命、主管机关推荐或委派董事的董事会组成方式。独立董事不是公司的股东，不具有股份公司的所有权，但依照法律规定享有代表全体股东行使对公司经营管理的决策权和监督权。从法律制度、组织机构两个方面保证了股份公司所有权与经营权的分离：一是在公司法人治理结构中，由于独立董事参与董事会决策，对于董事会始终处于股份公司枢纽地位，对公司生存和发展起到了更好的监督作用，为避免董事会更多地陷入公司的具体事务性工作提供了保证；二是在股份公司法人治理结构中，设立独立董事制度旨在完善董事会内部的组织结构，为股东会、董事会和经营管理层三者之间的分工协调关系，提供了组织机构上的保障。表决权是股份公司股权制度的核心，而股东权益的最终实现就体现在董事对公司经营决策权的表决权和监督权上，建立独立董事制度是防止股份公司"所有者缺位"和"内部人"控制的有效手段之一。

独立董事在董事会中的特殊作用不仅代表了市场经济竞争的公正和公平性，同时，也标志着现代公司法律制度的完善程度。

（二）董事会

1. 董事会及其特征

董事会是由董事组成的，对内掌管公司事务、对外代表公司的经营决策机构。公司设董事会，由股东会选举。董事会设董事长一人，副董事长一人，董事长、副董事长由董事会选举产生。董事任期三年，任期届满，可连选连任。在董事任期届满前，股东会不得无故解除其职务。

董事会是依照有关法律、行政法规和政策规定，按公司或企业章程设立并由全体董事组成的业务执行机关。具有如下特征：

董事会是股东会或企业职工股东大会这一权力机关的业务执行机关，负责公司或企业和业务经营活动的指挥与管理，对公司股东会或企业股东大会负责并报告工作。股东会或职工股东大会所作的决定以及公司或企业重大事项的决定，董事会必须执行。

2. 董事会的职责

股份公司的权力机构，企业的法定代表又称管理委员会、执行委员会。由两个以上的董事组成。除法律和章程规定应由股东大会行使的权力之外，其他事项均可由董事会决定。公司董事会是公司经营决策机构，董事会向股东会负责。

董事会的义务主要是：制作和保存董事会的议事录，备置公司章程和各种簿册，及时向股东大会报告资本的盈亏情况和在公司资不抵债时向有关机关申请破产等。

股份公司成立以后，董事会就作为一个稳定的机构产生。董事会的成员可以按章程规定随时任免，但董事会本身不能撤销，也不能停止活动。董事会是公司最重要的决策和管理机构，公司的事务和业务均在董事会的领导下，由董事会选出的董事长、常务董事具体执行。

董事会对股东会负责，行使下列职权。

①负责召集股东会并向股东会报告工作；

②执行股东会决议；

③决定公司的生产经营计划和投资方案；

④制定公司的年度财务预算方案、决算方案；

⑤制定公司利润分配方案和弥补亏损方案；

⑥制订公司增加或减少注册资本以及发行公司债券方案；

⑦制定公司合并、分立、解散或者变更公司形式的方案；

⑧决定公司内部管理机构的设置；

⑨决定聘任或解聘公司经理及其报酬事项，并根据经理的提名决定聘任或者解聘公司副经理、财务负责人及其报酬事项；

⑩制定公司的基本管理制度；

⑪公司章程规定的其他职权。

3. 董事会的类型

董事一般分为执行董事和非执行董事。一般来说，执行董事是那些全职负责公司管理的人。而非执行董事是那些从外部引入的有丰富经验的专家，他们使公司的决策基于更加客观的视觉。

在实际情况中，执行董事普遍倾向于让更多熟悉公司业务的人进入董事会。

另外有些公司的工会影响力较大时，亦会借由与资方的团体协约或是公司章程内明定由工会推派一定数目的劳工董事进入董事会，以保障劳方的权益。

董事会有四种类型：

（1）底限董事会

仅仅为了满足法律上的程序要求而存在。

（2）形式董事会

仅具有象征性或名义上的作用，是比较典型的橡皮图章机构。

（3）监督董事会

检查计划、政策、战略的制定、执行情况，评价经理人员的业绩

（4）决策董事会

参与公司战略目标、计划的制定，并在授权经理人员实施公司战略的时候按照自身的偏好进行干预：

（三）风险管理委员会

风险管理的运行需要企业全体员工的认同和参与。因此，风险管理委员会应当在企业组织中处于一个较高的层次，并赋予适当的考核权力，才有利于其开展工作，减少阻力。通常，风险管理委员会设置在董事会下，直接对董事会负责，委员会委员为公司的董事或高管。

1. 风险管理委员会的条件要求

风险管理委员会对建立和发展公司的风险管理体系负有整体责任，对其组成人员的素质要求比较高，具体包括以下内容。

（1）责任感

风险管理责任重大，在某种程度上同人体的健康一样，平时没有什么特别的体现，一旦出现问题，就有可能是致命的危险。风险管理人员的工作关乎企业命运，因而责任感是对任职人员素质的第一要求。

（2）懂得风险和风险管理

风险管理者要有敏锐的眼光和面向未来的观念，能够对即将发生的风险进行识别，并且能够恰当地衡量和分析风险，据此提出解决办法和控制措施。

（3）富有专长和工作经验

对企业商业模式和业务流程的了解是进行风险识别的基础。风险管理者应该在公司中具有丰富的工作经验，熟知企业的内外环境和工作流程。

（4）沟通能力

风险识别离不开企业工作人员的配合，而且风险管理措施也需要企业所有工作人员落实和执行。因此，风险识别的调查、风险措施的传达、风险理念的灌输、实施效果的考核等，都需要通过风险管理人员与各部门工作人员的沟通和交流来实现。良好的沟通能力在这一过程中不可或缺。

2. 风险管理委员会的职责

风险管理是一个系统工程，需由主体内的一个有机的组织来实施并执行各自的职责，才能实现风险管理的目标。现代风险管理的理念是，在一个主体内，风险管理必须由最高层从战略上把控，而在基层组织，风险管理人人有责风险管理由一个主体的董事会、管理当局和其他人员实施，应用于战略制定并贯穿于企业之中。总的来说，风险管理委员会的职责主要有以下几个方面。

（1）识别并营造风险管理的内部环境

内部环境是风险管理的基础要素。内部环境包括风险管理哲学、风险偏好、风险文化、组织结构、职业操守、价值观、管理哲学、经营风格、人力资源等方面。风险管理委员会应识别、分析企业的内部环境，并致力于对内部环境的营造，塑造有利于风险管理的环境氛围。

（2）引导企业文化建设，加入风险理念

风险管理过程包含许多与企业各职能部门的沟通和互动，包括前期的信息收集、中期的措施实施以及后期的评价考核等。一个有效的风险管理体系离不开公司内部纵向和横向的沟通，甚至需要与公司外部关系人进行沟通。风险管理的每个环节，都深受企业文化的影响。

企业员工对风险的重视程度直接影响风险管理的实施及效果。毕竟风险管理不只是风险委员会的工作，而是全部职能部门和员工都在参与的管理活动。要通过对企业文化建设的引导，使员工真正理解风险管理的重要性，明确风险管理的目标。最终使"管理风险是每个人的工作"这一理念被公司大多数员工所认同。

因此，塑造良好的公司文化氛围，在公司文化中植入风险理念，可以为风险管理的开展打下坚实的基础，协助企业文化的建立，并加入风险导向，这也是风险管理委员会的职责所在。

（3）建立风险管理制度，制定并明确风险负责人的职责

风险管理不仅仅是风险管理委员会的职责，而是企业每一个员工的工作。风险管理涉及企业的方方面面：资金和资产保全部门、高级管理层、运营人员、法律顾问、内部审计部门等。因此，在风险管理过程中，各部门的协同合作尤为重要。风险管理委员会要通过制度建设，促成这种沟通和协作，最终使其成为企业文化的一部分。

此外，要制定并明确每个风险管理参与人员的职责，通过责任制和考核体系来调动员工参与风险管理的积极性，降低推行的阻力。

（4）合理分配风险管理资源，为风险管理过程提供保障

根据风险管理的实施活动，合理分配企业资源，确保风险管理的资金和人员到位。同时，要合理规划时间，将时间进度与工作强度和难度匹配。

（5）制定风险管理措施

这项职责主要针对风险管理的实施，将风险控制在可接受的水平之内；建立风险管理流程，将风险管理活动整合到企业的经营业务流程

之中。

风险管理的流程和活动应该与企业的经营业务活动形成有机的整体，特别是风险应对中的内部控制措施，更是公司业务流程中不可或缺的一部分，用来控制运营风险的产生。

（6）监督风险管理的具体实施，并进行考核和评价。形成透明有效的监督机制和信息反馈机制

企业应该认识到，风险管理的过程本身就存在不确定性，也就是说存在风险。对这部分风险的控制就要靠对风险管理的监督来完成。监督的目的是确保风险管理过程高质量地完成，防止偏差的发生。在风险管理的各个阶段中都容易出现偏差。例如，在风险识别阶段，可能出现与职能部门的沟通不足、风险因素的识别不全面；风险识别人员经验不足，对风险管理不熟悉；会前准备不充分，致使会议效果打折；会议组织不力，部分参会人员无法出席等偏差。

通过对风险管理的监督，并对其实施过程进行考核和评价，是保证风险管理落到实处、真正为企业创造价值的手段。此外，还要建立信息反馈机制，建立信息系统和数据库，形成风险管理报告，使管理层能够及时了解风险管理实施的过程和效果，并据此进行评估和改进。

（7）定义一致的风险语言，并在公司内推广使用

风险管理的运行过程，实质上是对公司的策略、流程、人力资源、知识、技术等的重组和整合。在此过程中，涉及方方面面的沟通和协作。每个人对事物的理解和认识是不同的，并且各个职能部门的员工在考虑风险的含义时，自然会从本部门的知识和经验出发来理解。这样，沟通不畅、交流错误就有可能发生。因此，需要一种通用的、一致的风险语言来支持沟通。保证交流的准确通畅，促进交流和决策风险语言的统一，为风险管理提供了交流和沟通的平台，是风险管理过程中的基础要素。

风险语言的统一工作，第一步就是风险管理委员会对风险管理过程中所涉及的术语、关键词等进行定义和统一，明确各种要素的范围及所

指，避免理解差异。然后，在对员工进行风险管理教育和培训的过程中，将风险语言的教育融入其中，使员工理解并使用统一的风险语言。

（四）总经理与首席风险官

1. 总经理

总经理在传统意义上是一个公司的最高领导人或该公司的创始人，但实际上，总经理所在的层级，还是会因公司的规模而有所不同。股份公司的总经理是董事会聘任的，对董事会负责，在董事会的授权下，执行董事会的战略决策，实现董事会制定的企业经营目标，并通过组建必要的职能部门，组聘管理人员，形成一个以总经理为中心的组织、管理、领导体系，实施对公司的有效管理。

（1）总经理的工作职责

总经理的主要职责是负责公司日常业务的经营管理，经董事会授权，对外签订合同和处理业务；组织经营管理班子，提出任免副总经理、总经济师、总工程师及部门经理等高级职员的人选，并报董事会批准；定期向董事会报告业务情况，向董事会提交年度报告及各种报表、计划、方案，包括经营计划、利润分配方案、弥补亏损方案等。

（2）总经理的工作权限

董事总经理表示他既是董事会成员之一的董事，又是负责经营的总经理。若仅仅只是总经理职位，至多只能列席董事会，无法参与表决。简而言之，总经理只是一个组织内的职位名称而已，总经理的权力有多大，要参考其雇佣合约条款及工作范围。

①有权拟订公司的年度财务预、决算方案，利润分配方案和弥补亏损方案；

②对上报董事会的财务决算报告和营利预测报告有审批权；

③有对公司年度总的质量、生产、经营、方针目标的审批权；

④有权决定公司内部组织结构的设置，并对基本管理制度的制定有审批权；

⑤有权批准建立、改进公司经营管理体系；

⑥有权向董事会提请聘任或者解聘公司副总经理、总经济师、总会计师及其他高级管理人员；

⑦有权聘任或解聘由董事会任免以外的公司管理人员；

⑧有对公司人力资源管理的审批权；

⑨有对公司职能部门各种费用支出和各分厂/分公司固定资产购置的审批权；

⑩有对公司重大技术改造和项目投资的建议权。

2. 首席风险官

近些年来，首席风险官（Chief Risk Officer，简称CRO）这个职位随着企业风险管理意识的增强，已逐渐变得热门。

首席风险官的主要职责是：负责拟定集团风险管理战略、规划，提出风险管理的政策和程序；监督风险管理政策和程序的实施，建立风险管理评价标准和组织；组织落实风险管理与内控体系建设相关措施，组织对风险总监的考核和风险管理队伍建设；评估集团外部环境以及企业宏观的风险；就企业环境、战略、运营过程中所存在的风险提出建议，并定期向董事会报告。有的企业把CRO和公司的内部审计合在一起，有的则是两者分开的。

（五）风险管理职能部门

企业风险管理组织体系，主要包括规范的公司法人治理结构、风险管理职能部门、内部审计部门和法律事务部门以及其他有关职能部门、业务单位的组织领导机构及其职责。下面介绍公司战略与风险管理中关于风险管理职能部门的主要职责。

企业应设立专职部门或确定相关职能部门履行全面风险管理的职责。该部门对总经理或其委托的高级管理人员负责，主要履行以下职责：

①研究提出全面风险管理工作报告；

②研究提出跨职能部门的重大决策风险评估报告；

③研究提出跨职能部门的重大决策、重大风险、重大事件和重要业

务流程的判断标准或判断机制；

④研究提出风险管理策略和跨职能部门的重大风险管理解决方案，并负责该方案的组织实施和对该风险的日常监控；

⑤负责组织协调全面风险管理日常工作；

⑥负责组织建立风险管理信息系统；

⑦负责对全面风险管理有效性的评估，研究提出全面风险管理的改进方案；

⑧负责指导、监督有关职能部门、各业务单位以及全资、控股子企业开展全面风险管理工作；

⑨办理风险管理的其他有关工作。

企业其他职能部门及各业务单位在全面风险管理工作中，应接受风险管理职能部门和内部审计部门的组织、协调、指导和监督。

（六）审计委员会

审计委员会是指董事会里一个主要由非执行董事组成的专业委员会。审计委员会是指由发行证券公司的董事会发起并由董事会成员组成的委员会，其目的是监督公司的会计、财务报告以及公司会计报表的审计。

审计委员会是董事会设立的专门工作机构，主要负责公司内、外部审计的沟通、监督和核查工作。审计委员会由三名董事组成，其中两名董事为本公司独立非执行董事，另一名董事为执行董事。

1. 审计委员会的工作职责

审计委员会是由董事会所设的负责对内部会计控制、财务报表和公司其他财务事项实施监督的具有独立地位的部门。其主要工作职责包括以下几点。

①审核及监督外部审计机构是否独立客观及审计程序是否有效；

②就外部审计机构提供非审计服务制定政策并执行；

③审核公司的财务信息及其披露；

④监督公司的内部审计制度及其实施；

⑤负责内部审计与外部审计之间的沟通；

⑥审查公司内部控制制度。对重大关联交易进行审计。

审计委员会的主要目标是督促提供有效的财务报告，并控制、识别与管理许多因素对公司财务状况带来的风险。公司面临的风险涉及竞争、环境、财务、法律、运营、监管、战略与技术等方面。审计委员会本身无法监管所有的这些风险，应该由各方共同合作。

2. 审计委员会的工作职能

(1) 审计工作任务

①监督、检查各经营管理部门和单位日常财务活动是否贯彻执行国家有关各项法规、法令、政策以及集团公司内部制定的各项有关规章制度；

②监督、检查和评价公司财务内部控制制度的严密程度和执行情况；

③对经营计划、财务收支计划的执行情况进行监督，对年度财务、成本决策进行审计；

④对经营活动、会计核算程序和财务收支、财务处理的正确性、真实性、合法性进行审计监督；

⑤参与对公司各级高层管理人员的离、调职审计；

⑥对公司在册员工侵占公司财产、收受贿赂、营私舞弊、贪污盗窃、挪用公款等违纪违法行为，会同有关部门进行专案审计；

⑦参加本公司研究经营方针和改进经营管理工作的会议，参与研究重要规章、制度的制定；

⑧接受并承办集团公司领导交办的审计事宜。

(2) 审计工作程序

①编制年度、季度审计工作计划，报执行总裁、总裁、董事长批准确定。

②审计前的准备工作：确定审计对象；确定审计方案，报执行总裁、总裁、董事长审批；下达"审计通知书"，由集团公司董事长签发；

被审单位提供必要的工作条件。

③审计过程中，必须编写工作底稿，做好审计记录，收集审计证据。

④审计终结阶段，对审计事项和结果提出审计报告。报告应附有经过被调查人或有关单位签章的证明材料或其他说明材料；审计报告应征求被调查人或有关单位的书面意见。

⑤审计结果的最终形式以正式审计报告上报集团公司执行总裁、总裁、董事长，并抄送被审计单位（或个人）及集团公司有关管理部门。

⑥被审计单位（或个人）按审计结论和决定，针对问题及时作出处理，处理结果应上报集团公司执行总裁、总裁、董事长，同时抄送集团公司审计委员会及集团公司相关管理部门。

⑦如对结论和决定有异议，可在审计委员会出具正式审计报告后15日内向集团公司董事长申请复审。集团公司董事长的结论和决定为最终结论；复审期间，原审结论与决定照常执行。

（3）审计人员职权

①除非集团公司董事长特批，审计委员会开展审计工作不受任何人、任何单位的限制，被审计单位必须无条件地予以全力配合。

②审计期间，审计主要负责人有权参加被审单位的有关会议，对审查中发现的问题可以查询、召开听证会、索取证明材料。

③有权责成被审计单位查处和纠正一切违反国家、公司财务收支有关规定的行为。

④有权建议对违反财经纪律的单位、有关责任人提出处罚意见，报请集团公司董事长审议。

⑤对拖延、推诿、阻挠、拒绝和破坏审计工作的，提请集团公司董事长批准，有权采取封存账册、冻结资产，对有关人员实行停职处理等临时措施。

⑥集团公司范围内各部门各单位有关经济事务方面的各种报告、合同制度和文件等，须抄送集团公司审计委员会。

3. 组织意义

（1）作用

公司内部审计机构统属董事会审计委员会，独立于管理当局，这种模式使得内部审计具有较强的独立性和权威性。审计委员会在职能上对内部审计进行监督，通过对内部审计的组织章程、预算与人事、工作计划、审计结果等进行复核，提高了内部审计部门的独立性，并确保其审计结果受到足够的重视，从而切实发挥内部审计作用。

审计委员会负责全部的外部审计事务，这样，注册会计师在审计过程中发现了重大问题可以直接与审计委员会沟通，有利于重大事项的及时解决和保证注册会计师的独立性。当注册会计师的审计意见与管理当局的意见不一致或发生冲突，其独立性受到威胁时，与审计委员会沟通并寻求保护，可以有效发挥注册会计师的独立鉴证作用。

审计委员会负责对内外部审计部门的沟通，整合内外部审计的审计资源，可以独立、公正、有效地评价公司内部控制的有效性及财务报告的可靠性并向董事会与股东大会报告。

（2）益处

审计委员会是董事会中的一个委员会，它的建立是为了给董事会使用的财务信息和公司发布的财务报表增加质量和可靠性方面的保证。

如果审计委员会运行有效，它能够带来巨大的效益。实际上，坎特伯雷委员会认为审计委员会有以下几个方面的潜能。

①代表董事会审核财务报表，以此提高财务报告的质量；

②创造一个减少欺诈机会的纪律和控制氛围；

③使非执行董事能够贡献独立的判断，并在企业经营控制中扮演积极的角色；

④帮助财务董事，给财务董事提供一个可以提出他们关心的问题的机会；

⑤通过提供沟通的渠道和讨论关心问题的论坛从而加强外部审计人员的地位；

⑥当外部审计人员与公司管理人员发生争执时，为外部审计人员提供一个保持独立性的体制；

⑦通过向内部审计人员提供独立于管理人员的较大的独立性，强化了内部审计职能的地位；

⑧增强了公众对财务报表可靠性和客观性的信心。

二、企业风险管理

进入 21 世纪后，由于经济全球化的进一步发展，企业面临风险的种类越来越多，因此，企业需要将其面临的所有风险放在更大的视野中来考察，还要对它们之间的关系进行考量，从企业整体的角度进行统筹，采用整个企业范围内甚至企业边界的风险管理机制。

（一）企业风险管理概述

1．企业风险管理的定义

风险管理属于企业管理功能的一部分，它是人类在不断追求安全与幸福的过程中，结合历史经验和近现代科技成就而发展起来的一门新兴管理学科。企业风险管理是指全面分析企业各个经营过程中的风险，通过对风险的识别和衡量，采用合理的经济手段和技术手段对风险进行处理，以最低的成本获得最大安全保障的一种管理活动。企业风险管理旨在识别可能会影响主体的潜在事项，管理风险以使其在该主体的风险容量之内，并为主体目标的实现提供合理保证。

企业风险管理是企业在实现未来战略目标的过程中，试图将各类不确定因素产生的结果控制在预期可接受范围内的方法和过程，以确保和促进组织的整体利益得以实现。企业风险管理是将企业整体风险控制在偏好之内，由企业风险管理组织和人员组织实施，全体人员参与，对企业目标实现过程中的风险，本着从实际出发、务求实效、突出重点的原则，采用与风险管理策略相适应的组织技术或工具所进行的准备、实施、报告、监督和改进的动态连续不断的过程。

2. 理解概念，需要注意以下几点

（1）企业风险管理的主体是企业全体员工

这里指的企业全体员工，不仅仅是指企业的管理者，还涵盖企业的普通员工，涵盖企业的所有职能部门。风险管理不仅仅是管理者几个人的事情，也不仅仅是几个职能部门的事情，需要全体员工共同参与。

（2）企业风险管理的对象是风险

历史上关于风险管理的对象有纯粹风险说和全部风险说两种观点，前者强调风险管理的对象是纯粹风险。后者强调的企业风险管理应全面分析企业经营过程，以全部风险为管理对象。虽然企业的管理精力有限，企业不可能处理全部风险，但企业仍然要关注所有风险，对风险进行衡量后，重点选择风险发生概率高和风险损失大的风险进行处理。只有在企业评估了全部风险后，才能将可能的风险损失降到最低。

（3）企业风险管理的目标要清晰

企业风险管理的目标是以最小的成本换取最大的安全保障，进而确保企业经济活动的稳定、持续和发展，实现企业价值的最大化。因此，良好的风险管理能够增加企业成功的几率，降低失败的可能。

（4）企业风险管理的要素

企业风险管理的要素包括内部环境、目标设定、事项识别、风险评估、风险对策、控制活动、信息和沟通、监督。

3. 企业风险管理的特点

将企业风险管理贯穿到企业管理的全过程。企业风险管理是决策层，特别是一把手必须亲自参与的一项重要的企业管理工作。健全的企业风险管理可以归结为以下几点：

（1）全面性

风险管理的目标不仅仅是使公司免遭损失，而且包括能在风险中抓住发展机遇，全面性可归纳为三个"确保"。

①确保企业风险管理目标与业务发展目标相一致；

②确保企业风险管理能够涵盖所有业务和所有环节中的风险；

③确保能够识别企业所面临的各类风险。

（2）关联性

有效的风险管理系统是一个由不同的子系统组成的有机体系，如信息系统、沟通系统、决策系统、指挥系统、后勤保障系统、财务支持系统等。因而，企业风险管理的有效与否，除了取决于风险管理体系本身是否健全和有效外，在很大程度上还取决于它所包含的各个子系统是否健全和有效。任何一个子系统的失灵都有可能导致整个风险管理体系的失效。

（3）集权性

集权的实质就是要在企业内部建立起职责清晰、权责明确的风险管理机构。因为清晰的职责划分是确保风险管理体系有效运作的前提，同时，企业应确保风险管理机构具有高度权威，并尽可能不受外部因素的干扰，以保持其客观性和公正性。

（4）互通性

风险管理战略的有效性在很大程度上取决于其所获信息是否充分。而风险管理战略能否被正确执行则受制于企业内部是否有一个高效的信息沟通渠道。有效的信息沟通可以确保企业所有人员都能正确理解其工作职责与责任，从而使风险管理体系各环节正常运行。

（5）创新性

风险管理既要充分借鉴成功的经验，又要根据风险的实际情况，借助新技术、新信息和新思维，进行大胆创新。

（二）企业风险管理的目标

企业风险管理的目标对风险管理的效果十分重要。确定企业风险管理的目标是一项综合性的工作，需要从风险管理的各个环节、各个方面来加以考虑。但总的来说可以分为两类：损前目标和损后目标。

1. 损前目标

（1）经济性目标

企业风险管理必须经济，就是要尽量减少不必要的费用支出和损失。在决定对风险采取措施以前，应综合衡量所花的成本，以及由此而取得的收益或对企业的好处，即应对风险在经济上是可行的。

（2）合理合法性目标

采取适当的方法去处理风险损失时要符合法律规定。如公司董事会在不通知股东的情况下，挪用公司的盈余公积金去应对风险损失，即使结果是好的，其过程也是不符合法律规定的。

（3）降低潜在损失性目标

通过降低潜在损失，使企业在风险真正发生时减少损失程度，从而达到低成本的效果。

2. 损后目标

（1）生存目标

毫无疑问，无论企业的目标是什么，只有当企业继续生存时才有可能实现这些目标。由此可见，风险损失后的第一个目标就是生存目标，即企业在经济社会中作为一个经营实体继续存在。

（2）持续经营目标

企业生存下来，怎样让它运转下去并实现既定目标就是接下来的问题。损失发生后，实施风险管理的第二个目标就是保证生产经营等活动迅速恢复正常，尽快使企业的各项经济指标达到损前的水平。对于企业风险管理来说，保证生产服务这一目标有时带有强制性和义务性，如连续不断地为公众设施提供服务就是一种义务。

（3）稳定的营利目标

减少风险可能带来的收益变化，就能提升公司的总体绩效，而且其本身也是公司的目标。

在成本费用不增加的情况下，通过持续的生产经营活动，或通过提供资金以补偿由于生产经营的中断而造成的收入损失，均能达到实现稳定收入这一目标。收入的稳定与生产经营的持续两者是不同的，它们是风险管理的不同目标。

（4）发展目标

对一个有强劲增长势头的企业来说，持续增长的能力是它最重要的目标之一。当成长性成为组织的主要目标时，使其免于增长的威胁便成了风险管理人员的一个重要目标。执行和实施风险管理计划和方案，及时、有效地处理各种损失，并不断根据可能出现的新情况拟定新的风险管理计划和方案，周而复始地执行计划，从而使企业实现持续、稳定的增长，这是风险管理应达到的最高层次目标。

（5）社会责任目标

履行企业的社会责任，如法律规定企业赔偿员工因工受伤的损失，并要求企业给员工上保险等。正如损前目标强调企业应承担社会责任一样，有效地处理风险事故所带来的损失，减少因损失所造成的种种不利影响，可以使企业更好地、充分地承担社会责任，履行应尽的义务，从而树立良好的公众形象。

（三）企业风险管理的三道防线

1. 风险管理的第一道防线：业务单位防线

以相关职能部门和业务单位为第一道防线。企业建立第一道防线，就是要把业务单位的战略性风险、市场风险、财务风险、营运风险等，进行系统化的分析、确认、管理和监控。要建立好第一道防线，企业的业务单位要做下列工作：了解企业战略目标及可能影响企业达标的风险，识别风险类别，对相关风险做出评估；决定转移、避免或降低风险的策略；设计风险实施风险策略的相关内部控制。

2. 风险管理的第二道防线：风险职能管理部门防线

以风险管理部门和董事会风险管理委员会为第二道防线。风险管理部门的责任是领导和协助公司内部各单位在风险管理方面的工作，其职责有：建立规章制度，对业务单位的风险进行组合管理；度量风险和评估风险的界限，建立风险信息系统和预警系统；厘定关键风险指标，负责风险信息披露；沟通，协调员工培训和学习的工作；按风险与回报的分析，各业务单位分配经济资金。相对于业务单位部门而言，风险管理部门会克服狭隘的部门利益，能够从企业利益角度考察项目和活动风险。

3. 风险管理的第三道防线：内部审计防线

以内部审计部门和董事会审计委员会为第三道防线。内部审计是一个独立、客观的审查和咨询业务单位，监控企业内部和其他企业所关心的问题。其目的在于改善企业的经营和增加企业价值，它通过系统的方法评价和改进企业的风险管理、控制和治理流程效益，帮助企业实现经营目标。

(四) 风险管理文化建设

组织风险管理机制的设立和有效实施，有赖于组织文化的重大改变，风险管理文化使风险管理理念扎根于组织及其每一个员工的日常行为和经营活动中。

1. 采取组织最高领导层的支持

培养领导层去引导风险管理文化建设，帮助领导层执行领导职能。通过深化组织体制改革，建立以董事会风险控制委员会为核心，风险管理部门协调组织，各业务部门贯彻实施的"三维"立体网络。董事会应当与高级管理人员讨论主体企业风险管理的现状，并提供必要的监督董事会应当确信知悉最重大的风险，以及管理当局正在采取的行动和如何确保有效的企业风险管理。董事会应当考虑寻求内部审计师、外部审计师和其他方面的参与，首席执行官评估组织的企业风险管理能力，方法之一是，首席执行官把业务单元领导和关键职能机构人员召集到一起，讨论对企业风险管理能力和有效性的初步评价。不管采取什么方式，初步评估应该确定是否需要以及如何进行更广泛、更深入的评价。

2. 构建信息集

①沟通。有效的信息与沟通系统应具备以下特点：能够生成企业经营所需的，关于财务、运营及法规遵守的报告，帮助做出精明的商业决策，以及对外发布可靠的报告。信息与沟通系统能够使得雇员获得信息，且交流他们为实施、管理及控制运转情况所需的信息；能识别和传达相关信息，并且是以一种人员能够有效履行他们的职责的方式进行；使沟通在企业以全方位方式进行。

②采用角色模型。管理角色模型是指在一个成功管理团队中的四个关键角色：业绩创造者、行政管理者、企业家、整合者。管理角色模型并非要求所有的管理团队都要一一设置上述四个角色，在现实当中，管

理团队可能超过或少于这四个角色。

3. 改变行为

帮助组织成员发现风险管理的重要价值；引导健康风险管理态度，推进风险管理水平，识别不同风险观，并协调运作；管理风险调节器，避免异常偏移；鼓励风险导向决策。

4. 创造机会，改变文化

（1）见机行事

一个组织文化或者理念的变革，除了要求变革的条件成熟外，还要抓住适合变革的机遇。

（2）利用危机和失败

无论是企业内部还是外部的经验教训，都可以借鉴。

5. 支持和培育新文化

创造企业风险管理理念的氛围，使风险管理理念深入企业每一个部门每一个人，使风险管理意识深刻渗透组织；对潜在的风险进行积极有效的沟通，创造培育新文化的渠道；另外对员工进行有关风险管理的教育和培训，提高员工识别和应对风险的能力。

6. 测量风险管理文化的构建和维持水平

风险管理文化是指以企业文化为背景，贯穿以人为本的经营理念，在经营管理和风险管理活动过程中，逐步形成并为广大员工认同并自觉遵守的风险管理理念、风险价值观念和风险管理行为规范。风险管理文化是一种集现代企业经营思想、风险管理理念、风险管理行为、风险道德标准与风险管理环境等要素于一体的文化理念，是企业文化的重要组成部分。

根据企业文化和管理学的理论，作为企业文化重要子系统的风险管理文化应由理念、行为和物质文化三个层次组成，其中理念文化是核心，行为文化和物质文化是理念文化的保证和表现形式。一般而言，企业风险管理文化一旦形成，将会在很长一段时间内对企业及其员工产生影响。但是，如果企业所处的外部环境发生了重大变化，或者主要的风险管理文化的倡导者发生了变更，已经构建的风险管理文化可能会相应地发生变化。另外，企业的风险管理文化能够在企业风险管理中持续地发挥作用，还有赖于全体员工的共同遵循，并付诸实际行动。因此，在风险管理文化构建和实施之后，还需要采用一定的方法和手段测量风险管理文化的构建和维持水平。

7. 争取组织全方位的支持

企业风险管理文化是一种软实力，对企业风险管理发挥的作用更多是隐形的，长期的因此，企业风险管理文化的构建和维持必须获得企业全方位的支持。在企业风险管理文化的构建中，获得企业财力和物力上的支持固然很重要，但更重要的是必须获得企业管理层以及全体员工的认同，否则，即使按照相应的风险管理框架构建了企业风险管理文化，也难以真正发挥作用。

要想获得企业全方位的支持，首先必须在理念上使包括管理层在内的所有员工认识到企业风险管理文化对于企业生存和发展的重要性，并以这种理念来指导他们的行为，只有当这种理念不断内化并对全体组织成员的行为产生影响，并获得企业在财力、物力上的支持，企业的风险管理文化才能不断地丰富和完善，以适应企业生存和发展的需要。

8. 创建良好的企业风险管理文化

风险管理文化是企业文化的重要组成部分，是指以企业文化为背景，贯穿以人为本的经营理念，在风险管理活动中凝练并通过企业文化的精神层面、制度层面、行为层面和知识层面共同体现，为广大员工认同并自觉遵守的风险管理理念、风险价值观念和风险管理行为规范。

①企业风险管理迫切需要建立一套风险管理文化系统。企业的风险因素存在于各个业务环节之中，在客观上，风险管理文化无时不有，无处不在，渗透于企业业务的方方面面，影响企业员工的精神和灵魂。企业只有通过风险管理文化的建设，才能使企业风险管理文化的凝聚力、竞争力和综合抗风险能力得到增强，从而使企业在市场竞争中立于有利的地位。

②有效的风险管理体系建设必须以先进的风险管理文化培育为先导。风险管理文化决定企业经营管理过程的风险管理观念和行为方式，

是企业内部控制体系中的"软因素"，在企业经营管理中占有十分重要的地位。

③搞好风险管理文化建设是企业治理之本、动力之源。

三、企业风险管理的作用

风险是有成本的，而且这种成本会导致企业价值的降低，与企业目标相背离，所以需要进行风险管理。

企业风险成本是指由于风险的存在和风险事故的发生所导致的企业经济利益流出，包括风险损失成本和风险控制成本企业纯粹风险可能会导致自有财产损失，或者需要对员工进行赔偿，甚至有时需要承担对客户或者其他第三方的责任，这些都需要企业支付相应的费用。

(一) 风险管理有助于企业做出合理的决策

1. 企业划定了行为边界，约束其扩张的冲动

企业作为市场的参与者必须在风险和收益之间做出理智的权衡，风险管理对市场参加者的行为起着警示和约束作用。

2. 风险管理也有助于企业把握市场机遇

通常，市场风险大都是双向的，既存在可能的风险损失，也存在可能的风险收益，因此，市场上，时刻都有大量风险的客观存在。同时也带来新的机遇。如果企业能够洞察市场供求状况及影响市场的各种因素，预见市场的变化趋势，采取有效、科学的措施控制和防范风险，同时果断决策、把握机遇，就有可能获得可观的收益。

(二) 风险管理可以降低企业效益的波动

风险管理的目标之一是降低公司收益和市值对外部变量的敏感性。例如，市场风险管理比较完善的公司，其股票价格就可以显示出较低的敏感性，不至于因为整体市场价格下跌，对其股价市值造成大幅度的波动；手中持有外汇资产或负债的公司，如果在风险管理方面做得比较出色，就可以显示出其外汇资产的价值、收益或负债成本对市场汇率变动较低的敏感性，这些都是由实证得出的结论。总之，受到利率、汇率、能源价格和其他市场变量的影响，公司通过风险管理能更好地管理收益

波动。

(三) 风险管理有助于提高公司机构效率

大多数公司都拥有风险管理和公司监督职能部门，如财务风险、审计及合规部等此外，有的公司还有特别风险管理单位。

此外，随着市场体系和各种制度建设的日益完善，迫使企业进行风险管理的社会压力也日益增加。直接的压力来自有影响的权益方。他们都期望收益更有可预测性，以避免和控制自己的风险和减少对市场的破坏性。最近几年，随着经济计量技术和计算机模拟技术的迅速发展，基于波动率的模型，如风险价值模型和风险调整资产收益率模型，已经用来计量公司面临的各种市场风险，而且这一应用现在正在推广到信用风险及运营风险中。

第二节 风险与收益分析

一、历史收益率与风险的衡量

(一) 风险的含义与分类

①风险的含义。从财务学的角度讲，风险是指资产未来实际收益相对预期收益变动的可能性和变动幅度。风险包含"危险"和"机会"双重含义。机会使投资者和公司敢于承担风险，危险要求承担风险必须得到补偿。

②风险的分类。在风险管理中，根据风险的不同特点进行分类。按风险能否分散，风险分为系统风险和非系统风险。系统风险是由综合因素导致的，是个别公司或投资者无法通过多样化投资予以分散的。

非系统风险是指由于经营失误、劳资纠纷、新产品试制失败等因素导致的个别公司的风险。非系统风险是由单个的特殊因素所引起的，由于这些因素的发生是随机的，因此可以通过多样化投资来分散。

经营风险是指经营行为给公司收益带来的不确定性。通常采用息税前利润的变动程度描述经营风险的大小。这种风险是公司商业活动中固有的风险，主要来自客观经济环境的不确定性，如经济形势和经营环境的变化、市场供求和价格的变化、税收政策和金融政策的调整等外部因素，以及公司自身技术装备、产品结构、成本水平、研发能力等因素的变化等。

（二）收益的含义与类型

收益一般是指初始投资的价值增量。为分析方便，应区分三种不同的收益率：

①必要收益率。必要收益率是指投资者进行投资要求得到的最低收益率，通常由无风险利率和风险溢价两部分构成，前者取决于政府债券利率，后者取决于公司经营风险和财务风险的大小。

②预期收益率。预期收益率是在不确定的条件下，投资者根据现有信息预测的某项资产未来可能实现的收益率。在一个完善的资本市场中，如果证券的价格为公平市价，所有投资的净现值都为零。此时，预期收益率等于必要收益率。

必要收益率和预期收益率在时间点上都是面向未来的，都具有不确定性，但必要收益率是由投资者主观上对投资项目的风险评价和风险偏好确定的，预期收益率是由市场交易条件决定的，即在当前市场价格水平下投资者可获得的收益。如果投资者的主观评价与市场的客观交易不一致，就会形成两个收益率的差异。但在一个完善的市场上，市场套利行为很快会消除这种差异，使两者趋于一致，此时，投资的预期收益率等于必要收益率。

③实际收益率。实际收益率是在特定时期实际获得的收益率，是已经发生的、不可能通过投资决策改变的收益率。由于存在风险，实际收益率很少与预期收益率相同，这两者之间的差异越大，风险就越大，反之亦然。同理，实际收益率与必要收益率之间也没有必然的联系。

二、预期收益率与风险的衡量

（一）预期收益率

预期收益率是某种资产所有可能的未来收益水平的平均值。投资者主要通过这一数值的水平来评价资产未来收益的大小。通常有两种方法估计预期收益率：

方法一：以某项资产收益率历史数据的样本均值作为估计数。这种方法假设该种资产未来收益的变化服从其历史上实际收益的大致概率分布。

方法二：根据未来影响收益的各种可能结果及其概率分布大小估计预期收益率。

（二）预期收益率的方差和标准差

预期收益率的计算过程说明投资风险的存在，但并没有说明这种风险有多大。从数学的角度分析，投资风险可以用未来可能收益水平的离散程度表示。或者说，风险量的大小，可以直接表示为未来可能收益水平围绕预期收益率变化的区间大小，即采用方差和标准差衡量预期收益率的风险。

为说明标准差在度量预期收益率不同的投资项目风险时的准确含义，应将标准差标准化，以度量单位收益的风险，目的是借助标准离差率来实现。标准离差率是指标准差与预期收益率之比。

三、运用大数据技术进行财务风险分析

大数据技术是指通过计算机对数据信息进行总结、分析的一项技术，随着这项技术的逐渐成熟，其已在各个行业中得到了应用。现代企业工作内容越来越复杂，运用大数据技术，可以充分提升实际工作效率。在一个企业当中，财务工作是重中之重，避免财务工作出现错误，提升财务工作质量和效率一直以来都是企业财务工作的目标。因此，企业应当加大对大数据技术的应用力度，提升企业财务风险分析和控制的能力，保证企业财务工作可以稳定发展。

（一）运用大数据技术进行财务风险分析的作用

1. 提升企业财务管理效率

在企业当中，财务管理工作的效率对于企业的长远发展有着至关重要的作用。尤其是在进入信息化时代之后，因为计算机技术和互联网技

术的应用，导致企业间的竞争愈加激烈。利用大数据技术进行财务数据保存和管理，已经成为一种必然的趋势。所以在大数据时代的背景下，利用大数据技术十分有必要，不仅可以降低企业开展财务工作的成本，还能够提高实际的管理效率。最重要的是通过大数据系统还能及时发现企业当中存在的问题，进而迅速有效地解决这些问题，提高企业的财务管理水平。

2. 降低企业财务风险

因为企业内部因素和外部因素的存在，所以会经常导致企业出现财务风险。因此企业应当做好防范措施，尽可能做到防患于未然，但同时也要具备风险来临时积极应对的能力，从而尽可能降低风险造成的损失。但是从当前大多数企业的实际经营状况来看，可以发现经常会有财务风险出现的情况。如果在企业当中合理利用大数据技术，巧妙地将企业与行业进行联系，则有可能通过数据分析，尽早发现潜在的财务风险，从而降低风险带来的危害。

3. 提升企业经营效率

伴随着信息技术的不断发展，有越来越多的高科技可以为企业所应用，进而提升企业的工作效率。尤其是大数据技术，可以帮助企业更加准确迅速地处理财务信息，完成财务工作。相关的专业人员只需要通过操作计算机，便可以对企业的运营能力、营利能力进行更加详细地分析，从而对企业隐患进行分析评判，提前对企业发展情况进行一定的规划。运用大数据技术还能对客户需求进行全面分析从而为客户提供具有针对性的服务，获得客户的好感度。总之，保证大数据技术在企业当中的运用，可以极大地提升企业的经营效率。

(二) 大数据背景下提升企业财务风险分析能力的有效措施

1. 提升企业财务风险防控的信息化程度

企业财务风险防控部门要顺应大数据的发展趋势，保证财务信息系统能够对企业各个部门的数据资源进行有效分析与整合，从而及时发现企业内部存在的财务风险。因此，企业应当认识到信息化建设的重要性，一方面加大对财务风险分析与控制工作的资金投入力度，促进企业信息系统的完善和升级；另一方面还需要尽可能保证信息系统覆盖到企业内部各个部门，进而对所有数据进行分析，发现其中的不良数据。总之，要尽可能保证整个企业的数据都可以共享，方便进行财务风险分析。

2. 建立完善的财务风险分析与控制体系

企业还应当建立更加完善的财务风险分析与财务风险控制系统。无论企业规模大小和经营模式是否相同，其内部都应当具有一个适合自身的、完善的财务防控体系。在进行财务风险分析控制体系建立的过程中，企业需要将所有部门可能出现的情况考虑到，保证财务风险分析指标尽可能完善。当然这些指标的建立不应当仅仅局限于企业内部，也可以增加企业外部的一些信息纳入指标体系，比如客户的满意程度、国家政策、市场情况等。

3. 提升财务工作人员整体素养

大数据技术在企业财务部门的应用也在一定程度上，对财务工作者提出了更高的要求。因此，企业对于那些既了解财务知识，又了解信息技术的综合型人才的需求比较高。所以企业应当积极对当前财务部门工作人员进行专业培训，增加他们的专业知识储备，并且帮助他们掌握专业的大数据技术和其他信息技术，通过提升现有工作人员能力来提高企业的财务风险防控能力。另外企业还需要积极从社会和高校当中招聘一些高端人才，以此对人才结构进行有效补充。大数据环境的到来，提升了企业的工作效率，同时也为企业带来更多的财务风险。因此，企业要想提升自身竞争力，实现更加长远的发展，就需要通过必要的措施来提高自身的财务风险分析与控制能力，尽可能避免和减少财务风险带来的损失。

参考文献

[1]郑开军,田鸿福.建筑施工企业财务管理实务[M].北京:中国石化出版社,2021.08.

[2]杨淑芝.施工企业财务管理实务[M].北京:中国电力出版社,2013.09.

[3]马晓辉,罗荣华,张威.现代施工企业财务管理与审计实务[M].武汉:华中科技大学出版社,2022.10.

[4]赵庚学.施工企业财务管理与会计实务[M].北京:中国财政经济出版社,2012.02.

[5]李志远.施工项目会计核算与成本管理[M].北京:中国市场出版社,2019.03.

[6]王劲松.公路工程项目财务运作实务[M].贵阳:贵州大学出版社,2018.04.

[7]李志远,李建军,陈颖.建筑施工企业增值税操作实务政策解读纳税申报发票管理会计核算[M].北京:中国市场出版社,2017.08.

[8]李伟锋.增值税实务操作与发票管理[M].北京:机械工业出版社,2019.11.

[9]贺知东.企业成本管理操作实务大全[M].北京:企业管理出版社,2018.08.

[10]李志远,杨柳,刘冬梅.施工企业会计实务[M].北京:中国市场出版社,2010.07.

[11]韦德洪,邹武平,黎朝霞.财务预算理论与实务[M].上海:立信会计出版社,2006.01.

[12]单旭,黄雅平.建筑施工企业会计第3版[M].北京:机械工业出版社,2021.08.

[13]张洪伟.建筑施工企业会计真账实操全图解[M].北京:中国铁道出版社,2019.03.

[14]杨宗岳.企业内控管理必备制度与表格典范[M].北京:企业管理出版社,2020.07.

[15]李志远.施工企业会计实务第3版[M].北京:中国市场出版社,2012.02.

[16]周荣月,张海.建筑施工企业会计实务示范手册[M].广州:广东经济出版社,2015.07.

[17]索晓辉.施工企业会计核算实务[M].北京:北京理工大学出版社,2016.07.

[18]潘文学.建筑施工企业内部控制建设重点、难点与案例分析[M].上海:立信会计出版社,2017.06.

[19]翟纯红,郝家龙.建筑施工企业会计实务[M].北京:中国时代经济出版社,2011.09.

[20]郝建国,许群,黄毅勤.施工企业会计实务[M].北京:中国物价出版社,2004.01.

[21]李志远,李建军,陈颖.建筑施工企业营改增实务政策解读发票管理会计核算[M].北京:中国市场出版社,2016.06.

[22]张同庆.房地产信托业务投融资实务第2版[M].北京:中国法制出版社,2020.06.

[23]李志远.施工项目会计核算与成本管理[M].北京:中国市场出版社,2017.01.

[24]张新爱,刘慧,安芸静.物业管理实务[M].石家庄:河北人民出版社,2018.07.

[25]姚岳.建筑施工企业财务会计[M].北京:中国财政经济出版社,2003.08.

[26]郝建国,许群,黄毅勤.施工企业会计实务第2版[M].北京:中国市场出版社,2005.01.

[27]崔爱丽,王慧恩.施工企业会计与纳税真账实操从入门到精通[M].北京:中国铁道出版社,2019.11.

[28]陈月明.电力企业财务会计实务[M].北京:中国财政经济出版社,
2004.07.

[29]杨宗岳,杨文代.安全管理必备制度与表格典范[M].北京:企业管理
出版社,2020.07.

[30]胡浩波.公路施工企业内部控制理论及实务[M].武汉:华中师范大
学出版社,2013.05.